답답한 아이,
속상한 엄마를 위한

아이
심리학

답답한 아이 속상한 엄마를 위한 아이 심리학

초판 1쇄 발행 2008년 9월 20일

지은이 이순행, 박혜근, 이유미, 김은영
펴낸이 양윤선
펴낸곳 내일을 여는 책
등 록 1993년 1월 6일 제 10-770호
주 소 서울 마포구 서교동 395-99 301호
전 화 02-332-5767
팩 스 03030-345-5767
홈페이지 www.gotomorrow.co.kr
이메일 book@gotomorrow.co.kr

기 획 한성출판기획(T.02-325-9172)

값 10,500 원

ISBN 978-89-7746-035-5

*잘못된 책은 바꾸어 드립니다.

답답한 아이,
속상한 엄마를 위한

아이
심리학

내일을 여는 책

책 머리에

많은 부모님들의 상담글에서 '아이가 친구를 때린다', '아이가 친구들과 적극적으로 어울려 놀지 못하고 소심하다', '자꾸 거짓말을 한다'는 등의 내용을 보게 된다. 걱정스러움이 가득 묻어나는 부모님들의 말씀과 글에서 힘겨움이 느껴지면서도, '한 번 쯤이야'하고 그냥 아이를 믿고 넘어가줄 수는 없을까 하는 안타까운 마음이 들기도 한다.

대부분의 아이들은 친구와 재미있게 어울려 놀다가도 어느 순간 토라지면 '툭'하고 한번쯤 친구를 때리기도 하고, 친구의 관심을 얻기 위해 거짓말도 해보고, 누가 나에게 먼저 손을 내밀어주지는 않을까 기대하며 조용히 옆에서 기다려 보거나, 혹은 막무가내로 달려들어 거세게 함께 놀기를 강요하기도 하면서 '함께 어울리기' 위한 다양한 방법들을 배워나간다.

누구나 태어나는 순간부터 사회적 관계를 맺으며 살아가게 되지만 자라나는 아이들은 엄마의 울타리에서 벗어나 처음으로 세상을 경험하게 되는 만큼 많은 시행착오를 거치는 것이다. 이 과정을 식은 죽 먹듯 잘하는 아이가 과연 몇이나 될까? 자기의 마음뿐만 아니라 다른 사람의 마음과 생각을 이해하고, 자신이 하고 싶은 것도 때로는 멈추고 참을 수 있으며, 내가 원하는 것을 당당하게 얘기하되 이루어지지 않더라도 가끔은 웃어줄 수 있어야 하는 복합적인 능력을 필요로 하는 사회적 관계 맺기가 성공적이기 위해서는 얼마나 많은 노력과 과정이 필요하겠는가?

이러한 발달 과정에서 우리 아이가 사회적 관계 형성에 어려움을 보이는 순간, 부모들은 아이들에게 말로 타일러도 보고 다그치게 되기도 한다. 그러나 이 행동을 바로잡을 수 있는 가장 좋은 방법은 아이들 스스로가 자신의 행동의 결과를 깨닫고 고칠 수 있게 하는 것이다. 그러자면 무엇보다 아이가 이해할 수 있는 언어로 올바른 행동에 대한 동기부여를 해주어야 한다. 이때 우리 아이와 부모님 사이의 언어적, 정신적 장벽을 보다 쉽게 극복하게 해주는 좋은 도구가 바로 동화이다. 어린아이들은 이야기의 주인공과 자신을 동일시하며 제시된 문제 해결책을 자연스럽게 받아들인다.

이 책에는 사회적 관계맺기를 위해 우리 아이에게 필요한 능력들은 무엇이며 이러한 능력들을 키우기 위한 방법은 또 어떤 것들이 있는지가 쉽게 씌여져 있다. 뿐만 아니라 잘못되었다고만 생각했던 아이들의 행동이 때로는 그 나이때 아이들에게서는 당연한 행동일 수 있다는 것처럼, 부모님에게 우리 아이의 행동을 좀더 이해하게 해주는 정보를 제공하고 있다. 특히, 동화를 통해 아이들도 쉽게 이해할 수 있게 구성했으며 실제적인 적용이 가능하도록 각 장마다 동화와 관련한 놀이 활동을 제안하고 있다.

1장부터 4장까지는 아이들이 주로 보이는 외현화된 행동 문제들을 다루고 있다. 거짓말을 하거나 다른 사람의 물건을 훔치고, 형제끼리 자주 싸우고, 사소한 일에도 화를 벌컥벌컥 내고, 남을 배려하지 못하는 이기적 행동을 하는 등 다루기 힘든 아이들의 행동을 이해하고, 어떻게 지도하면 좋을지에 대한 내용을 접할 수 있다. 5장부터 8장까지는 좀더 내면화된 문제들을 통해 사회적 관계에 어려움을 겪는 아이들을 살펴본다. 걱정이 많고 소심하며 수줍음을 잘 타는 아이들의 모습에 숨어있는 의미를 이해하고, 지도할 수 있도록 도와준다.

또한 현재 우리 아이가 보이는 행동이 정상범위인지, 혹은 전문가의 도움이 필요한 정도인지를 부모님 스스로 점검해봄으로써 실제 도움이 필요한 아이들에게 좀더 조기에 적절한 도움을 줄 수 있을 것이다.

우리 아이가 당당하고 활기차게 세상을 향해 뛰어나가게 하려면 부모가 디딤돌이 되어주어야 한다. 아이가 세상 속에서 제 목소리를 갖고 우정이라는 또 다른 관계를 튼실히 쌓을 수 있도록, 혼내고 나무라는 부모가 아니라 든든한 지지자가 되어주는 데 이 책이 도움을 주길 바란다.

거짓말하는 우리 아이, 양치기 소년?

1

귀엽고 순수하기만 하던 우리 아이가 살살 거짓말을 하기 시작한다.
이런 괘씸한…!
도대체 왜 거짓말을 할까? 반항성장애는 또 무엇인가?

거짓말하는 우리 아이, 양치기 소년?

5살인 우리 아이, 귀엽다고만 여겼는데 이 녀석이 살살 거짓말을 하기 시작해요. 할아버지댁에 갔다온 아들 손에 못 보던 자동차 장난감이 쥐어져 있어 물어보자, "할아버지가 지나가다가 팔고 있어서 사줬어요" 라고 천연덕스럽게 얘기하네요. 할아버지에게 확인해보자 아이가 편의점에서 그 장난감 파는 것을 보고서 할아버지 손을 잡아끌어 편의점 안으로 들어간 후 사달라고 떼를 썼다는 겁니다. 어떻게 하면 좋을까요?

이런 이야기가 우리 아이와는 상관없는 남의 얘기만은 아닐 것이다. 우주선을 타봤다는 거짓말에서부터 시험에서 100점 맞았다는 거짓말까지 아무렇지도 않은 얼굴로 거짓말을 하는 것을 보면,

부모는 당황하고, 어떻게 혼내줘야 요녀석의 버릇을 고칠 수 있을까 고민하기 시작한다.

그러나 세상 모든 사람들은 거짓말을 한다. 어릴 적 엄마에게 혼나지 않기 위해 둘러댄 말 한마디, 달갑지 않은 저녁 약속에 나가지 않기 위해, 회사에 지각한 오늘 아침 아프다거나 길이 밀린다는 핑계 한마디는 오히려 내 생활을 좀더 편하게 해주기도 한다. 그러나 아이가 거짓말을 하게 되면 부모들은 아이의 커다란 반항에 부딪히거나 범죄에 빠져든 것처럼 당황해하고 행동을 고쳐주기 위해 목청껏 소리쳐가며 혼을 내거나 매를 드는 등 예민하게 반응하고 만다.

어른들은 필요에 따라 할 수 있는 거짓말을 아이들이 하게 되면 크나큰 잘못이 되는 것일까? 아이이기 때문에 그저 순수하기만을 기대하고 있지는 않은가? 혹은 '이 녀석이 커서 뭐가 되려고….'하는 앞선 걱정에 지나친 반응을 하고 있지는 않은가? 어른들이 일상생활에서 한두 번씩 하는 거짓말처럼 아이들이 하는 한두 번의 거짓말 또한 크게 문제가 될 것은 없다. 물론 처음 한두 번의 거짓말을 아무 일도 아닌 것처럼 웃어넘기자는 것은 아니지만, 과도한 처벌 역시 오히려 역효과를 불러일으킬 수 있기 때문에 현명한 대처가 필요하다.

양치기 소년

마을에서 조금 떨어진 언덕에서 양을 기르는 소년이 있었다. 소년은 매일 혼자 양을 돌보는 일이 너무 심심한 나머지 재미난 일이 없을까 고민하다가 '옳지!'하고 한 가지 좋은 생각이 해냈다. 그리고는 곧 "늑대다! 늑대가 나타났어요!" 힘껏 소리쳤다. 놀란 마을 사람들은 양들을 구하기 위해 저마다 몽둥이를 들고 허둥지둥 언덕으로 뛰어올라왔다. 하지만 어디에도 늑대는 없었다. 장난꾸러기 양치기 소년이 배를 움켜잡고 웃기 시작했다.

"하하하! 늑대는 없어요. 그냥 연습 삼아 한번 해본 거예요."

마을 사람들은 어이가 없었지만, 할 수 없이 터덜터덜 다시 마을로 내려갔다. 그리고 며칠이 지난 어느 날, 양치기 소년은 또다시 "늑대다! 늑대가 나타났다! 도와주세요!"하고 외쳐댔다. 마을 사람들은 깜짝 놀라 하던 일을 멈추고 언덕으로 올라갔지만, 늑대는 보이지 않았다.

"아하하하! 이번에도 연습이었어요. 모두 정말 빠르시네요."

"도대체 바쁜 사람들에게 뭐 하는 짓이니? 넌 정말 나쁜 행동을 하는구나."

마을 사람들은 잔뜩 화가 난 채 언덕을 내려갔다.

그러던 어느 날, 이번에는 정말로 늑대들이 나타나 양들을 마구 물어가기 시작했다. 양치기 소년은 다급한 목소리로 마을을 향해 외쳤다. "늑대가 나타났다! 늑대가 양들을 잡아가요." 그러나 사람들은 아무도 나타나지 않았다. "정말이에요! 제발 도와주세요! 정말 늑대가 나타났다구요!" 양치기 소년은 목이 터지도록 사람들을 불렀지만 사람들은 코웃음만 쳤다.

"우리가 또 속을 줄 알고…."

거짓말을 일삼은 양치기 소년은 결국 양들을 모두 잃어버리고 말았다.

이솝우화에 나오는 '양치기 소년'은 거짓말하는 아이로 유명하다. 습관적으로 반복된 거짓말이 결국 다른 사람들의 신뢰를 잃는 결과를 가져오고 만다. 양치기 소년은 왜 거짓말을 했을까?

 우리 아이, 왜 거짓말을 할까요?

1. 관심 받고 싶은 우리 아이

다른 사람의 관심과 사랑에 목마른 아이는 비록 착하고 예쁘지 않은 행동이라 할지라도 다른 사람의 관심을 얻기 위해 서슴없이 한다. 병원에 가면 이상이 없는데 자꾸 아프다고 하고, 아무 일이 없는데도 "동생이 때렸다"고 고자질을 하거나 보지도 않은 받아쓰기 시험에서 "100점을 받았다"고 거짓말하는 것처럼 아무도 관심을 주지 않는 상황에서 아이는 단순히 관심을 얻기 위해 거짓말을 하기도 한다. 내가 아프거나 큰일이 났을 때만큼 엄마가, 혹은 다른 사람들이 나만을 생각하고 보살펴주는 때가 있을까?

양치기 소년이 위험한 상황을 가장했을 때, 마을 사람들은 하나같이 소년을 걱정하며 열일을 제쳐두고 뛰어온다. 이 상황을 흐뭇하게 쳐다보며 양치기 소년은 어떤 생각을 했을까? 마치 자신이 모든 사람들의 중심에 있는 듯하고 자신을 지켜주기 위한 마을 사람들의 행동에 힘을 얻은 듯 의기양양해 진다. 또한 '마을에서 난 아주 소중한 사람이구나'하는 것을 새삼 실감할 수 있었을 것이다. 마을 사람들이 자신을 걱정하며 헐레벌떡 뛰어오게 되는 그 상황 자체가 양치기 소년의 마음을 흡족하게 만든 것이다.

실제로 가정이 화목하지 않거나 부모에게 충분한 관심과 사랑을 받지 못하는 아이들의 거짓말하는 빈도가 따뜻한 관심과 지지 속에서 자라나는 아이들에 비해 월등히 높다고 한다. 거짓말의 내용 자체로도 부모에게 궁금증을 유발시키고 관심을 받게 되지만, 결과적으로 혼이 난다 하더라도 그 순간만큼은 부모의 관심이 오로지 자신에게만 집중되어 있기 때문에 아이들에게 이 또한 보상의 역할을 하기도 한다.

피노키오 이야기

쓸쓸하게 혼자 살던 제페토 할아버지는 나무 인형을 깎으며 '이 인형이 진짜 아이라면 얼마나 좋을까…'하고 생각했다. 그날 밤, 요정이 할아버지를 찾아와 마술 지팡이를 휘두르며 말하기를 "할아버지의 소원을 들어주겠어요."

그러자 나무 인형이 천천히 움직이기 시작했다.

할아버지는 나무 인형에게 피노키오라는 이름을 지어주고 따뜻하게 보살폈다. 어느 날, 학교에 가던 피노키오는 서커스 행렬이 지나가는 것을 보았다. 너무 궁금한 나머지 서커스 장까지 따라간 피노키오는 천막 뒤에 숨어서 몰래 구경을 하다가 그만 서커스 단장에게 들키고 말았다. 단장은 피노키오를 캄캄한 창고 속에 가두어버렸다.

겁이 난 피노키오는 울기 시작했고, 그 앞에 요정이 나타났다.

"피노키오야, 서커스 장에는 왜 왔니?"

"사람들이 억지로 끌고 왔어요."

피노키오가 거짓말을 하자 코가 쑤욱 늘어났다. 깜짝 놀란 피노키오에게 요정은 말했다.

"거짓말을 하면 코가 길어진단다."

"다시는 거짓말하지 않을게요."

피노키오가 잘못을 빌자 코가 다시 작아졌다. 피노키오를 불쌍하게 여긴 요정은 창고 문을 열어주었다.

터덜터덜 집으로 돌아가던 피노키오 앞에 아이들을 가득 태운 마차가 지나갔다.

"야호, 우리는 장난감 나라로 간다."

"재밌겠다. 나도 따라갈래."

피노키오는 얼른 마차에 올라 장난감 나라로 가서 신나게 놀았다. 그러던 어느 날 아침 눈을 뜬 피노키오와 아이들은 깜짝 놀랐다. 모두 당나귀로 변해 있었던 것이다. 장난감 나라 주인은 당나귀가 된 피노키오를 팔아버리기로 했다. 시장에 끌려가던 피노키오는 그만 벼랑에서 발을 헛디뎠고, 풍덩! 바다에 빠진 피노키오는 다시 나무 인형이 되었다.

바다에 둥둥 떠다니던 피노키오를 커다란 고래가 꿀꺽 삼켰고, 캄캄한 고래 뱃속에서 피노키오는 자신을 찾아다니다가 고래에게 잡아먹힌 제페토 할아버지를 만났다. 피노키오와 제페토 할아버지는 고래 뱃속에 있는 나뭇가지를 모아 불을 피우고 고래가 재채기 하는 틈을 타 파도를 타고 밖으로 빠져나왔다.

집에 돌아온 피노키오는 학교도 잘 다니고 할아버지 말씀도 잘 듣는 착한 아이가 되었고, 요정은 착해진 피노키오를 진짜 남자아이로 만들어주었다.

2. 혼나는 게 무서운 우리 아이

서커스장이 궁금해 들어섰던 피노키오는 분명 자신의 행동이 잘못되었다는 것을 알고 있다. 그래서 '혹시 내가 잘못했기 때문에 나를 혼내지 않을까?' 하는 두려움에 거짓말로 둘러대게 된다. 그리고 피노키오는 잘못된 행동을 할 때마다 그 위기를 모면하기 위해 거짓말을 생각해내기 바쁘다.

어른의 입장에서 보면 오히려 잘못한 행동보다 거짓말이 더 괘씸한 경우가 있다. '별것 아닌 것을 그냥 말해버리면 될 것을 왜 거짓말을 할까?' 하지만, 아이에게 있어 부모가 자신에게 화를 낸다는 것은 빨간불이 켜지는 위기의 순간이고, 이를 피하기 위해서는 변명이 필요한 것이다. 또한 이와 같은 변명을 위한 거짓말이 실제로 아이에게 이득을 가져오기도 한다. 때로는 정교한 거짓말에 속아 넘어가기도 하고, 때로는 '그래, 설마 우리 아이가 그랬겠어. 아니겠지. 믿어야지.' 하는 부모의 바람과 믿음이 그 거짓말을 진실로 받아들이도록 하여 위기 상황을 피할 수 있게 되는 것이다.

그러나 대부분의 부모님들이 변명을 위한 아이들의 뻔한 거짓말을 눈치채게 마련이다. 그렇다면 이러한 아이의 거짓말을 엄마는 이미 알고 있고 거짓말해봐야 소용이 없다는 걸 알 수 있도록 혼내주면 되지 않은가?

그러나 아쉽게도 거짓말을 시인했을 때 거짓말로 인해 호되게 혼난 경험이 있는 아이는 이후 같은 상황이 되었을 때 거짓말을 하지 않는 것이 아니라 혼나는 것을 피하기 위해 좀더 잘 꾸며진 거짓말을 연구하게 된다. 따라서 거짓말로 인해 아이를 심하게 나무라거나 잘못을 했을 때 너그럽게 용서해주지 않는 가정 분위기라면 아이가 변명을 위한 거짓말을 할 가능성이 훨씬 높아지게 된다는 것을 명심해야 한다.

3. 허풍떠는 우리 아이

"너 말 타봤어? 말 타면 하늘까지 올라가는 것 같다! 씽씽 엄청 빨리 달려." 말 한 마리를 구경하고 온 아이가 친구에게 건넨 말이다. 친구는 "우와!" 하며 부러운 듯 쳐다보고, 아이의 어깨는 으쓱해진다. 자신이 본 것에 상상을 덧붙여 그럴싸하게 포장하고 나면 아이는 어느새 친구들 사이에서 부러움의 대상이 되는 것이다.

친구들 사이에서 인정받고 싶은 욕구는 과장된 거짓말로 이어지게 된다. 친구에게 지고 싶지 않아서, 내가 최고가 되고 싶은 마음에 아이들은 좀더 멋지게 꾸며내게 되고 과장에서 시작된 것이 거짓말이 되어버리는 것이다.

늘 경쟁에서 지는 아이들, 지는 것이 두려운 아이들일수록 허영심에서 나오는 거짓말을 할 가능성이 크다. 있는 그대로의 자신으로는 부족하다고 느끼기 때문에 좀더 잘 보이고 인정받기 위해 거짓말을 보태게 된다.

4. 나이에 따른 아이들의 다른 거짓말

동화 주인공들처럼 아이들은 때로는 관심이 필요해서, 때로는 우쭐해 보이려고 거짓말을 한다. 그러나 연령에 따라 좀더 빈번하게 나타나는 거짓말의 형태가 있다. 아이들의 인지 발달과 더불어 사회적, 정서적 측면들이 성장해 나가면서 그야말로 눈에 뻔히 보이는 새빨간 거짓말에서부터 정말 누군가를 속이기 위한 검은 거짓말까지 다양한 형태의 거짓말을 보인다.

✓ 2~4세 아동

인지적인 부분이 발달하면서 눈앞에 없는 사물이나 장면을 머릿속으로 그리고, 자신이 가지고 있는 머릿속의 그림들을 여러 형태의 상징(예:언어)으로 생각하고 표현할 수 있게 된다. 현재 일어나고 있지 않은 일을 그림을 그리거나 말로써 표현하는 것과 같이 상상을 통한 활동들이 가능해지는, 즉 상상력이 풍부해지는 시기가 된다.

그러나 어른과 달리 아직까지는 생각하는 것이 곧 현실이라고 믿고 받아들이기 때문에 상상을 현실처럼 말하게 되고, 이는 어른들이 보기에 거짓말을 하는 것처럼 보일 수 있다. "어제 아빠랑 동물원에 갔어.", 혹은 "아기가 태어났어."와 같이 실제로 일어나지 않은 일을 실제처럼 말하는 형태의 거짓말로, 이는 초등학교 무렵이면 자연스럽게 사라진다.

또한 이 무렵 아이들은 부모뿐만 아니라 다른 사람들과의 상호 작용을 두드러지게 하기 시작한다. 그만큼 자신이 맺고 있는 관계에서의 만족감을 추구하게 된다. 이때 애정욕구가 충족되지 않을 경우 관심을 끌기 위한 방법으로 거짓말을 선택할 수 있다. "배가 아파요.", "동생이 때려요."와 같은 말들은 '나를 봐 주세요.' 하는 말과 같다. 이런 경우에는 혹시 아이와 함께 하는 시간이 부족하지는 않은지, 평소 아이에게 많은 관심과 애정 표현을 하고 있는지 확인해보아야 한다.

✓ 학령전 아동

5세 정도가 되면 아이들은 자기에 대해 더 많은 것을 이해할 뿐만 아니라 자신이 가지고 있는 특징들에 대해 평가하기 시작한다. 또한 친구들과의 비교, 즉 사회적 비교를 통해 자기존중감을 발달시키게 되는데, 친구들에게 얼마나 인기가 있는가, 운동을 얼마나 잘하는가와 같이 다양한 영역에서의 비교뿐만 아니라 옷차림, 소유물 등에 대해서도 다른 아이들과 자신을 비교하기 시작한다.

따라서 친구들 사이에서 자신을 돋보이게 하기 위해, 친구가 새로 사온 인형이나 자동차를 가져와 자랑할 때 "우리 집에는 이거보다 더 예쁜 거 있어."라고 있지도 않은 장난감을 자랑한다거나, "나 줄넘기 엄청 잘해. 백 개, 만 개, 아니 백만 개도 할 수 있어."라며 가능하지 않은 일을 자랑하는 모습을 종종 발견할 수 있다. 아이는 이러한 거짓말을 통해 친구들 사이에서 우쭐대고 싶은 것이다.

✓ 초등학교 저학년 아동

초등학교 시기에 이르면 아이들은 좀더 의도를 가지고 거짓말을 하기 시작한다. 이 시기의 아이들은 자아개념이 구체적으로 형성되고, 학업과 관련한 자아개념이 중요한 측면을 차지하게 되면서 잘못된 것인 줄 알면서도 거짓말을 하게 된다. 이전 시기에는 '엄마 말을 잘 듣는구나.', '참 착하구나.' 등과 같이 사소한 이유로 칭찬을 듣고도 자신감을 가질 수 있지만, 입학 후에는 학교성적이 곧 칭찬과 연결되기 때문에 "나 100점 맞아서 선생님이 칭찬해줬어."와 같이 성적과 관련된 거짓말을 많이 한다. 특히 요즘과 같이 조기교육의 중요성이 증가하고, 어려서부터 웬만큼 잘하지 않으면 칭찬받기 어려운 분위기에서 아이들은 좀더 이른 시기부터 성적과 관련된 평가에 예민해지게 된다. 이에 더해 집에서 똑똑하고 부모의 기대수준이 높은 아이일수록 아이는 지적받기 싫어서, 부모님을 실망시키고 싶지 않아서 자주 거짓말을 하게 된다.

또한 이 시기에는 자기 방어를 위한 거짓말들이 늘어난다. 부모에게 혼이 날까 봐 잘못한 행동에 대해 하지 않았다고 발뺌을 하거나 "동생이 그랬다."는 식의 책임전가를 위한 거짓말들을 하게 된다. 이러한 형태의 거짓말은 부모가 호되게 혼내면 혼낼수록 사라지는 것이 아니라 '다음에는 절대로 엄마가 모르도록 거짓말 해야지.'가 되어버릴 수 있기 때문에 주의해야 한다.

✓ 초등학교 고학년 아동

　이 시기의 아동들은 일부러 나쁜 뜻을 가지고 거짓말을 하기도 한다. 나쁜 어른들처럼 남에게 피해를 주기 위해서 혹은 앙갚음을 하기 위해 거짓말을 하는 것이다. 이런 경우, 혼나는 도중에도 단순히 이 상황을 무마하기 위해 또 다른 거짓말을 만들어내고, 혼났다 할지라도 이후에 끊임없이 거짓말을 만들어내게 된다. 이러한 행동은 이전부터 나타났던 거짓말이 습관화되었을 가능성이 많다. 또한 도벽, 학업부진, 비행 등과 함께 나타나는 경우가 많기 때문에 주의를 기울여야 한다.

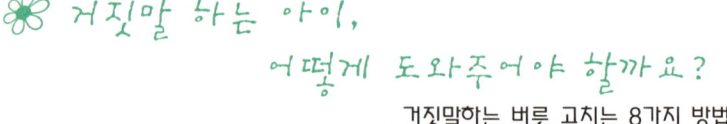

어린아이들의 거짓말은 너무나 뻔한 경우가 많아 쉽게 사실인지 아닌지를 알 수 있다. 처음 거짓말을 했을 때 피식 웃으며 그냥 지나쳐버리거나, 반대로 너무 호되게 야단을 치게 되면 정직한 우리 아이로 변화시키기 위해 더 많은 시간과 노력이 필요할지도 모른다. 서로 상처주지 않으면서 거짓말하지 않는 정직한 아이로 자라나게 하기 위한 방법은 무엇일까?

1. 거짓말하는 아이의 마음을 읽자

단순히 현실과 상상을 구분하지 못하는 어린아이이기 때문에 하는 거짓말인지, 주목을 끌거나 자신의 소원을 충족시키기 위한 거짓말인지, 자기 방어를 위한 거짓말인지, 아니면 정말 다른 사람에게 해를 입힐 목적으로 하는 악의적인 거짓말인지를 구분해야만 부모도 적절하게 대처할 수 있다.

부모의 사랑과 관심을 받기 위해서나 자기 방어, 혹은 좀더 자신을 내세우기 위한 거짓말의 경우 벌을 주면 오히려 역효과가 생길 수 있다. 이때의 거짓말은 지능이나 도덕성의 발달이 미숙해서, 또는 사랑이나 관심이 부족해서 생기는 것이므로 거짓말을 하게 된 상황을 파악하여 아이의 진심을 이해해주는 과정이 반드시 필요하다.

"너, ○○이 갖고 싶었구나.", "엄마한테 혼날까 봐 겁이 났구나." 라고 아이의 진심을 이해해준다면 아이들은 자기가 한 말들이 사실이 아니었다는 것을 알게 될 뿐만 아니라 자연스럽게 자신의 마음을 엄마에게 내보이게 된다.

2. '나쁜 아이'가 아니라 '나쁜 행동'임을 명심하자

흔히 아이들의 잘못을 나무랄 때 "그런 행동은 나쁜 아이들이나 하는 행동이야." 혹은 "나쁜 녀석, 엄마한테 거짓말이나 하고…." 하는 말로 혼내기 쉽다. 그러나 비록 행동은 잘못되었다 할지라도 아이 자체를 나쁜 사람으로 몰아서는 안 된다. 이런 경우 아이들은 "난 나쁜 아이야."라고 여기게 되어 낮은 자존감, 낮은 자기 가치감 등으로 이어지기 쉽다.

분명히 기억해야 할 것은 반드시 바로잡아야 하는 구체적 행동에 대해서만 지적해야 한다는 점이다. 나쁜 아이가 아니고 고쳐야 할 '나쁜 행동'인 것이다.

3. 침착한 태도를 갖자

아이가 거짓말을 했다는 사실만으로도 부모에게는 당황스럽고 화가 난다. 그러나 부모가 흥분하여 소리치는 것은 아이가 사실을 고백하고 용서를 구하며 실수를 인정할 수 있는 여유를 주지 않는다. 오히려 무서운 엄마 아빠를 피하기 위해 거짓말을 그럴 듯하게 꾸며줄 만한 다른 거짓말을 머릿속으로 생각하고 있을지도 모른다.

또한 부모를 속인 자신의 불안하고 초조한 마음을 전혀 헤아리지 못한 채 화내고 다그치는 부모의 모습에 아이는 더욱 불안해지고 지나치게 큰 죄책감을 갖게 된다. 따라서 비록 거짓말을 했을지라도 엄마는 여전히 너를 사랑하며 염려하고 있다는 것을 알려주기 위해서는 침착한 태도를 유지하는 것이 반드시 필요하다.

4. 부모는 아이의 거울이다

대개의 부모들은 아이들이 거짓말하는 것에는 화를 내면서도 정작 자신이 아이에게 하는 무궁한 거짓 약속이나 사소한 거짓말들을 잊고 지내는 경우가 많다. "다음에 엄마가 해줄게.", "아빠 오면 다 일러줄 거야.", "○○한테 전화 오면 엄마 없다고 해." 등의 거짓말을 하는 엄마를 보면 아이들은 혼란스럽다.

부모가 말한 대로 행동하지 않는 것을 보는 경험이 쌓이면 거짓말이나 책임감, 신뢰감 등에 대해 올바로 인식하지 못하고, '엄마가 그렇게 하는 걸 보니 해도 되는 거구나.'라는 생각을 갖기 쉽다. 따라서 부모가 먼저 모범을 보이며 아이에게 '신뢰하는 사람에게 거짓말을 해서는 안 된다'는 것을 몸소 체험할 수 있도록 하는 것이 가장 효과적인 교육이다.

5. 솔직하게 인정했을 때 칭찬해주자

자신의 잘못을 인정하고 실수를 고백하는 것은 어려운 일이다. 따라서 아이들이 솔직하게 고백하면 그 용기를 반드시 칭찬해주어야 한다. 실제로 거짓말을 해서 혼날까 봐 조마조마하면서도 실수나 잘못한 행동을 어렵게 시인했을 경우 여전히 부모에게 야단맞게 되면, 아이들은 야단맞는 것이 두려워 거짓말 한 사실을 점점 인정하지 않게 된다.

솔직하게 인정하고 잘못을 시인한 아이의 용기를 칭찬하고 사과를 받아주는 것은 이후 아이들의 거짓말을 줄일 수 있을 뿐만 아니라 자신의 실수를 인정하는 것은 불안해하지 않는 성숙한 인간으로 성장하는 데 밑거름이 된다.

6. 거짓말이 나쁘다는 것을 설명하고 대안 행동을 알려준다

거짓말이 왜 안 되는 행동인지에 대해 분명하게 설명하고 거짓말을 하게 되면 결국 좋지 않은 결과를 가져올 수 있다는 것을 함께 이야기해보는 것이 좋다. 아이들은 도덕성과 양심이 발달해가는 시기에 있기 때문에 스스로 생각해보고 판단해 보는 과정은 매우 중요하다. '양치기 소년'이나 '피노키오' 동화를 함께 읽으면서 결국 어떤 결과가 야기되었는지 함께 의견을 나누어보자. 부모가 굳이 구구절절 강의를 하지 않고도 자연스럽게 옳고 그른 행동이 어떤 것인지 알려줄 수 있다.

또한 '거짓말하면 안 돼.' 뿐만 아니라 '어떻게 하면 더 좋았을까?'를 함께 고민해보는 것도 좋은 방법이다. 안 된다는 제한만 강요하는 것보다 할 수 있는 행동을 알려주는 것이 이후 아이가 같은 상황에 처했을 때 좀더 긍정적인 문제해결 방식을 선택하는 데 도움이 된다.

7. 실수를 용납하고 지나치게 높은 기대를 하지 말자

아이들이 거짓말을 하는 많은 경우가 처벌을 두려워하기 때문이다. 동생을 때려서 혼이 날까 봐, 시험을 못 봐서 야단맞을까 봐 아이들은 거짓말을 한다. 강압적인 부모, 실수를 용납하지 않는 집안 분위기 속에서 아이는 부모에게 인정받고 혼나지 않기 위해 거짓말을 할 수 밖에 없는 상황으로 내몰리게 된다. 또한 이러한 집안의 분위기는 점차 실수를 두려워하고 자신을 있는 그대로 인정하는 것을 불안해하는 아이를 만들 수 있다.

실수는 실수로 받아들이고 있는 그대로의 아이를 인정해주는 것, 그것이 우리 아이가 좀더 편안하게 자신을 드러내보이게 하는 방법이다. 따라서 아이가 실수를 했을 때 누구나 처할 수 있는 상황이란 것을 함께 이야기하고 다독거려주는 것이 중요하다.

8. 아이에게 믿음과 사랑을 준다

아이를 자라게 하는데 부모의 믿음과 사랑만큼 큰 영양분은 없을 것이다. 거짓말하는 아이에게도 예외는 아니다. 아이에게 부모가 믿고 있다는 신뢰를 심어주면 어떤 상황에서도 믿음을 지키기 위해 노력한다.

따라서 아이가 거짓말을 했을지 모른다는 의심이 가더라도 의심의 눈초리를 접어두고, 일단은 아이 편에 서서 믿어주는 것이 필요하다. 사랑을 받는다고 느끼는 아이는 남을 속이려고 하는 비율이 사랑을 받지 못한다고 느끼는 아이들에 비해 훨씬 낮다. 아이를 믿고 부모의 조건없는 사랑을 주는 것은 거짓말을 없애기 위한 열 마디 말과 매보다 훨씬 효과가 높다는 사실을 명심한다.

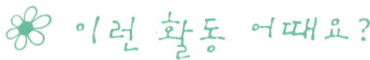
※ 이런 활동 어때요?

1. 양치기 소년 되기

입학 전 아동이나 초등학교 저학년 시기의 아동에게 가장 쉽게 볼 수 있는 놀이로 엄마, 아빠 놀이 등의 역할놀이를 들 수 있다. 이는 조금씩 다른 사람의 입장에 대해 생각해보는 능력이 생기는 인지적인 성장과 맞물려 아이들의 흥미를 유발할 수 있다.

동화에 나오는 주인공의 역할을 부모와 아이가 나누어 맡아보자. 아이들은 부모의 훈계보다 더욱 재미있고 효과적으로 부모가 전하려는 내용이 무엇인지 받아들일 것이다. 아이는 자신이 아닌 다른 사람의 역할을 해보면서 다른 사람의 입장과 마음을 이해할 수 있을 것이다.

양치기 소년이나 마을 사람들의 얼굴을 함께 그림으로 그리고 가면으로 쓰는 방법을 통해 좀더 실감나는 상황을 설정할 수 있다. 인물을 나누어 맡고 줄거리는 유사하게 진행하되 인물들이 느끼는 마음의 측면에 비중을 두고 연기해보자. 이때 아이가 양치기 소년을 할 수도 있지만 마을 사람이 되어, 거짓말을 할 경우 다른 사람의 마음이나 기분이 어떤지 느껴보는 것도 좋다.

"아하하하! 사람들이 나를 보러 오니 너무 좋은데…"

"아… 거짓말 해도 될까? 나중에 혹시 마을 사람들이 나와 놀아주지 않으면 어쩌지?"

위와 같이 실제로 거짓말을 하게 되는 상황에서 느낄 수 있는 상반된 감정을 말로 표현해주면 아이들은 '아. 내 마음이 그랬구나'라는 것을 자연스럽게 인식할 수 있다. 또한 부모가 자신의 마음을 이해해준다는 것을 느낄 수 있을 것이다.

결말은 반드시 동화와 같지 않아도 좋다. 함께 이야기를 구성해나가며 색다른 결말을 지어보는 것도 역할극의 또 다른 재미가 될 것이다.

2. 상상의 이야기와 진실의 이야기

어린아이들은 현실과 상상을 구분하는 것이 아직 서툴다. 이야기 꾸미기 활동은 현실과 상상을 동시에 활용함으로써 자신이 원하는 바를 마음껏 이야기할 수 있는 기회를 가질 수 있을 뿐만 아니라 현실/상상의 구분 능력을 향상시켜 줄 것이다.

먼저 아이가 마음대로 상상해서 이야기를 꾸며내는 시간을 갖는다. 하늘을 날아다니는 이야기에서부터 꿈 속에 나왔던 이야기까지 아이들은 자유롭게 이야기를 꾸며낼 수 있다. 이때 이야기의 주제가 어떠하든 거기에 대한 도덕적 판단은 하지 않도록 한다.

대개 누군가를 다치게 하거나 아프게 하는 내용이 나올 경우 부모들은 "아니지, 그건 나쁜 거니까 다른 내용으로 해 봐."라고 하기 쉬우나, 놀이인 만큼 아이가 원하는 대로 이야기를 꾸미도록 그냥 둔다. 그런 다음 실제로 있었던 일에 대해 이야기하는 진실의 시간을 갖는다. 실제 있었던 일을 꾸미지 않고 이야기하도록 하는 것이 중요하다.

만일 진실의 시간에 상상의 이야기를 할 경우 "그건 아까 네가 상상해서 꾸며낸 이야기 같은데… 다시 한 번 생각해보자. 정말 그런 일이 있었어?"하고 질문함으로써 상상과 현실을 구분할 수 있는 기회를 가진다.

3. 이야기를 만들어요

다른 사람의 느낌을 이해할 수 있는 감정이입은 다른 사람을 잘 사귀고, 관계를 유지해가기 위한 유능한 사회적 능력에 속한다. 그러나 아이들은 이러한 능력이 아직까지 충분히 발달해 있지 않은 상태이다. 따라서 이야기를 만들고 그 역할을 직접 해보면서 감정이입 능력을 키우고, 마음껏 상상의 나래를 펼칠 수 있는 시간을 가져봄으로써 자신의 거짓말을 즐거운 놀이로 활용할 수 있다.

먼저 다양한 그림들을 오리거나 그려서 준비한다. 그 중 하나를 골라, 그 그림을 바탕으로 짧은 이야기를 만들고 대화를 만들어 각자 역할을 직접 해본다. 어른들은 이야기에서 주인공이 느낄 수 있는 감정이나 상황 등에 대해 여러 가지 질문을 해봄으로써 아이가 좀더 타인의 관점과 입장을 생각해볼 수 있도록 끌어준다.

[질문의 예]
주인공은 지금 어떤 생각을 하고 있을까?
사람들은 무슨 말을 하고 있을까?
아이는 지금 무엇이 하고 싶을까?

4. 거짓말 신호 만들기

아이들은 진실을 말하는 것에 대한 두려움을 느끼기도 한다. 사실대로 얘기하면 혼나지 않을까 걱정하면서 또 다시 거짓말을 반복할 수 있다. 이같이 진실 말하기가 두려운 아이들에게 좀더 쉽게 진실을 말할 수 있는 기회를 가지도록 연습해볼 수 있다.

먼저 이제까지 자신이 했던 거짓말을 한 가지씩 이야기해본다. 이때 어른이 먼저 시작하여, 자신이 거짓말을 했을 때의 느낌과 다른 사람이 자기에게 거짓말을 했을 때 어떤 기분이 드는지 이야기한다. 어른들은 변명을 하지 않을 것 같다고 여기는 아이들에게 어른들도 자기들과 마찬가지라는 걸 알게 하면, 훨씬 쉽게 자기의 마음을 털어놓을 수 있다.

그리고 빨간 블록, 노란 손수건 등 눈에 잘 띄는 작고 간편한 물건을 하나 고르고, 둘만이 아는 장소를 하나 정한다. 이후 둘 중에 한 사람이 거짓말을 했는데 사실을 털어놓고 싶을 경우 지정한 물건을 지정한 장소에 놓는다. 혹은 엄마와 아이만 아는 신체 신호를 만들어보자. 손가락을 꼬는 등의 신호를 보냄으로써 아이가 지금 솔직하게 말하지 못하는 이야기가 있다는 것을 알리면, 엄마는 침착한 상태에서의 아이의 이야기에 귀를 기울이는 것이다. 아이는 이러한 방법을 통해 좀더 쉽게 자기 마음을 이야기 할 수 있을 것이다.

부록 I.

♡ 이런 경우, 전문가의 도움을 받아보세요!

  이처럼 아이들은 인지적 성숙과 맞물려 도덕적 발달 과정을 겪게 된다. 그럼에도 불구하고, 어른들의 권위적 말이나 규칙에 따라 행동하기를 거부하면서 공격적 행동을 반복해서 보인다면 다음을 생각해보자.

✓ 말 안 듣고 대드는 우리 아이, 혹시 반항성 장애 아닐까요?

  모든 아이들은 때로 반항을 한다. '내가 이만큼 자랐어요!'라고 소리치기라도 하듯 부모의 말에 토를 달고 반박하고 자기주장을 펼친다. 발달 과정상 '미운 세 살'로 불리는 2~3세 무렵과 '질풍노도의 시기'인 사춘기에 들어서는 초기 청소년기에는 이러한 모습이 성장을 보여주는 자연스러운 과정으로 여겨진다.
  그러나 우리 아이가 자꾸 화를 내고 말대꾸 하고 거짓말하고 적대적인 행동들을 지속적으로 보여 이 때문에 부모-자녀 관계뿐만 아니라 학교생활이나 친구관계에 문제가 생긴다면 좀더 신중하게 아이의 행동을 주시할 필요가 있다.

* 다음의 사항을 체크해보라.
□ 자주 버럭 화를 낸다.
□ 말대꾸를 하며 지나칠 정도로 자기주장을 하는 등 어른들과 논쟁을 한다.
□ 어른의 요구나 규칙을 무시하거나 거절한다.
□ 고의적으로 다른 사람을 짜증나거나 화나게 하는 등 귀찮게 한다.
□ 자신의 실수나 잘못된 행동을 남의 탓으로 돌린다.
□ 흔히 타인에 의해 기분이 쉽게 상하고, 쉽게 신경질을 낸다.
□ 화내고 원망한다.
□ 악의에 차 있거나 앙심을 품고 있다.

4가지 이상의 항목에 해당하고, 이러한 행동들이 6개월 이상 지속되었다면 반항성 장애를 의심해볼 수 있다. 지속적인 고집을 부리고, 어른이나 친구와 타협, 양보, 협상을 하지 않으려는 거부적인 행동, 어른의 명령을 무시하고 말 싸움을 자꾸 하고 실수에 대한 비난을 받아들이지 못하는 도전적 행동, 어른이나 친구에게 직접적으로 표현되어 고의적으로 귀찮게 굴거나 언어적으로 공격하는 등 적개심을 보이는 행동들이 다른 아이들에 비해 자주 일어나야 하고 사회적, 학업적으로 문제를 초래하는 등의 문제를 동반해야 한다.

반항성 장애(미국 정신의학회 진단 기준을 따름)의 경우 전체의 2~16%로 보고되고 있으나 일시적인 반항 행동은 사춘기의 반항과 같이 학령전 아동과 청소년에게 있어 흔히 나타날 수 있는 것이기 때문에 주의를 기울여 판단하는 것이 좋다.

이런 행동들을 보이는 아동의 경우 자기주장을 굽히지 않고 강하게 행동함으로써 겉으로는 자신감에 가득 차 보이거나 강해보이는 측면이 있으나 실제로는 오히려 자존감이 낮고 감정 변화가 심하며 좌절에 견디는 힘이 약한 것으로 알려져 있으며 욕을 하고 술이나 담배 등 일탈 행동에 더욱 쉽게 빠지는 것으로 조사되고 있다.

그렇다고 막무가내로 아이를 혼내거나 비난하는 것은 오히려 아이의 불복종 행동을 더 부추기는 결과를 낳을 수 있기 때문에, 아이의 상태에 대한 객관적이면서도 전문적인 판단이 우선되어야 한다. 위에 언급한 행동들이 빈번하고 지속적으로 나타나 주위 사람들을 힘들게 할 경우에는 전문가를 찾아가 조언을 구하도록 하자.

자꾸 남의 물건을 가져와요

2

솔직하고 도덕적인 아이가 공부도 잘한다는데….
물건을 훔치는 우리 아이, 가슴 한 켠 채워지지 못한 빈 곳이 있는 것은 아닐까?
성급하게 꼬리표 붙이지 말고, 현명하고 반듯한 아이로 클 수 있도록 이끌어주라.

자주 남의 물건을 가져와요

"도둑질이 나쁜 건가요?"라고 말하는 12살 민희는 초등학교 2학년 때부터 남의 물건에 손을 대기 시작했다. 물건이 갖고 싶으면 주저없이 손을 뻗쳤고 그 결과 자신이 얻고 싶은 것을 가질 수 있었다. 단순히 '쓰고 싶어서' 물건을 훔치기 시작한 민희에게 다른 사람의 물건을 훔치는 것이 나쁜 일이라는 것을 가르쳐준 사람은 아무도 없었다. 이 경우는 극단적인 사례이긴 하나 한두 번쯤 아이의 나쁜 손버릇을 걱정해보지 않은 사람은 아마 없을 것이다.

'세 살 버릇 여든까지 간다'는 옛말을 떠올리며 부모 가슴을 쓸어내리게 하는 아이들의 물건 훔치는 행동은 '우리 아이는 아니겠지…' 하면서도 대개 한번쯤은 겪고 넘어가는 성장통이기도 하다. 엄마 호주머니 속에 혹은 식탁 위에 놓여있는 동전들, 수퍼마켓에 예쁘게 진열되어 있는 맛있는 사탕들, 아이들의 흥미를 자극하며 멋진 모습을 뽐내고 있는 장난감들…. 아이들은 호기심에 한 번, 필요에 의해 한 번, 재미로 한 번, 충동을 이기지 못하고 손을 대고 만다. 그렇다면 다른 사람의 물건을 훔친 아이들에게 눈물이 쏙 빠지도록 야단을 치면 모든 것이 해결될 게 아닌가? 아쉽게도 아직까지 우리 아이들은 성장 과정에 있기 때문에 스스로 도덕적 판단을 하고 옳은 행동을 하기를 기대하는 것은 좀 어려움이 따른다. 어쩌면 아이들은 채워지지 못한 가슴 한 켠을 문제 행동을 통해 표출하고 있는지도 모른다.

아이들의 행동을 꼬집기 이전에 우리 아이가 '왜' 이런 행동을 하는지를 다시 한 번 되돌아볼 필요가 있다.

잭과 콩나무

옛날 잭이라는 소년이 어머니와 함께 살고 있었다. 잭의 집은 몹시 가난하여 가진 것이라고는 젖소 한 마리와 닭 몇 마리가 전부였다. 하루는 잭의 어머니가 몹시 아팠지만 약을 살 돈이 없었다. 어머니는 잭에게 말하였다.

"잭, 어쩔 수 없이 젖소를 팔아야겠구나."

젖소를 팔러가던 잭은 이상한 할아버지를 만났다.

"꼬마야, 젖소를 이 콩과 바꾸지 않겠니?"

"안 돼요. 젖소를 팔아서 어머니의 약을 사야 해요."

"이 콩은 요술콩이란다. 이 콩을 심으면 너의 집이 행복해질 거야."

요술콩이란 말에 솔깃해진 잭은 콩과 젖소를 바꾸어버렸다. 젖소를 콩 한 알과 바꿔온 잭을 본 어머니는 화가 나서 창밖으로 콩을 던져버렸다.

다음날 아침, 잭은 깜짝 놀랐다. 굵다란 콩 줄기가 하늘로 뻗어있었던 것이다. '어디까지 뻗어 있는지 올라가볼까?' 잭은 콩나무를 타고 올라가기 시작했다. 잭이 콩나무를 타고 올라, 구름 속을 빠져 나오자 커다란 성이 보였다.

성 안에 있는 물건들은 어마어마하게 컸다. 잠시 후 "쿵쿵쿵." 소리가 들리고 문이 덜컹 열리더니 거인이 나타났다. 거인은 돈자루를 가져와 금돈을 쏟아내더니 하나둘 세기 시작했다. 그런데 얼마 못가 꾸벅꾸벅 졸더니 금세 잠이 들었다. 그 틈을 타 잭은 금돈을 챙겨서 내려왔다. 많은 돈이 생긴 잭은 매일 게으름을 피우며 그 많은 돈을 곧 다 써버리고 말았다.

잭은 다시 콩나무를 타고 올라갔다.

"킁킁, 사람냄새가 나는 것 같은데…. 지난번에 내 돈을 훔쳐 간 녀석 아니야? 잡히기만 해봐라. 잡아먹어버려야지."

거인은 코를 킁킁거리며 주변을 한번 살피더니, 암탉을 탁자 위에 놓고 말했다.

"알을 낳아라!"

그러자 암탉은 번쩍번쩍 빛나는 금달걀을 낳았다. 정말 멋진 암탉이었다. 거인이 금달걀을 들고 밖으로 나간 틈을 타 잭은 암탉을 들고 성을 빠져나왔다.

이것을 본 어머니는 잭을 타일렀다.

"애야, 위험한 짓은 하지 말아라. 농사를 지으면서 살 수 있잖니? 그건 옳은 일이 아니란다."

잭은 들은 척도 않고 금달걀을 판 돈으로 먹고 놀기만 하였다. 그러나 금달걀을 낳는 닭도 곧 죽고, 잭은 또 다시 성으로 몰래 들어갔다.

"어떤 놈이 내 보물을 훔쳐갔지? 잡히기만 해 봐라, 당장 잡아 먹고 말테니."

돈 자루와 금달걀을 낳는 암탉이 없어진 뒤부터 거인 화가 잔뜩 나 있었다. 이윽고, 거인은 금 하프를 앞에 놓고 앉아 "노래해라, 하프야."하고 말했다. 그러자 하프는 저절로 아름다운 노랫

소리를 냈다.

"히야. 신기한 하프도 다 있네. 이번에는 저것을 훔쳐 가지고 내려가야지."

잭은 거인이 잠들기만을 기다렸다. 거인이 꾸벅꾸벅 졸다가 잠이 들자, 잭이 하프를 집어들었다.

그 때 하프가 소리쳤다.

"주인님. 도둑이에요!"

거인은 눈을 번쩍 떴다.

"아니, 어느 놈이 내 보물을 훔쳐 가려고 한단 말이냐. 이 꼬마 녀석, 내 보물 내놔!"

잭은 하프를 들고 정신없이 뛰어 콩나무를 타고 내려왔다. 잭은 땅에 내리자마자 도끼로 콩나무를 찍어 넘어뜨렸다.

"으악, 거인 살려!"

거인은 그대로 곤두박질쳐 땅에 떨어져 죽고 말았다.

잭이 무사히 내려왔지만 어머니는 기쁜 표정만은 아니었다.

"잭, 이제부터는 열심히 일해서 정직하게 살도록 하자."

어머니 말을 들은 잭은 그 동안의 일을 뉘우치고 열심히 일하기 시작했다. 그후 잭과 어머니는 아름다운 하프 소리를 들으며 행복하게 살았다.

때려라 방망이

어느 마을에 돌이라는 가난한 나무꾼이 살고 있었다. 어느 날 나무를 하러간 돌이는 목이 말라 옹달샘에 들렀다. 시원한 물을 마시고 기분이 좋아진 돌이는 꼭 자신을 쳐다보고 있는 것 같은 이상한 개구리 한 마리를 발견했다.

"안녕? 나무꾼 소년아, 이 산 꼭대기엔 도깨비가 살고 있어. 그 도깨비에게 소원을 말하면 들어줄거야. 그러니 한번 가봐."

느닷없는 개구리의 말에 돌이는 어안이 벙벙했지만,

"사실일까? 밑져야 본전인데 한번 가보자."

산꼭대기까지 올라갔더니, 정말 도깨비가 있었다.

"날 찾아왔니? 그래, 소원을 말해 봐."

"으응… 부자가 되고 싶어."

"쉽네. 이 당나귀를 가져가. 그럼 부자가 될 거야."

돌이는 당나귀를 끌고 산을 내려왔다. 날이 저물어 산 아래 주막에서 하룻밤 묵으며 주인에게 부탁했다.

"아저씨, 이 당나귀는 저를 부자로 만들어줄 당나귀예요. 잘 돌봐주세요."

그러나 다음날 아침. 마굿간에는 당나귀가 보이지 않았다.

"아저씨. 제 당나귀가 없어졌어요!"

"글쎄다. 나도 아침에 일어나보고 얼마나 놀랐는지….'"

그러나 사실은 주막 주인이 혼자만 아는 곳에 당나귀를 숨겨 놓은 것이었다.

할 수 없이 돌이는 다시 도깨비를 찾아갔다. 도깨비는 무엇이든 나오는 요술책보를 주었다. 이번에도 돌이는 주막에서 하룻밤 묵으며 주인에게 맡겼는데, 책보가 사라져버렸다.

돌이는 울면서 도깨비를 찾아가 책보를 잃어버린 일을 말했다. 이번엔 도깨비가 방망이를 하나 주며

"'때려라 방망이!' 하고 외치면 무엇이든 나오는 방망이야. 이번에도 주인에게 맡겨."

"아니, 그 주인에게 맡기면 없어진단 말이야."

"걱정 마, 나만 믿어."

돌이는 그 주막에 또 묵으며 방망이를 주인에게 맡겼다. 그날 밤, 어디선가 비명 소리가 들렸다.

"아야! 아야야야!"

주막 주인이 도깨비가 준 방망이에 흠씬 두들겨맞고 있었다. 욕심 많은 주막 주인이 '때려라 방망이!'를 외치자 마자 방망이

가 주인을 때리기 시작한 것이다.

"자, 잘못했어. 당나귀도 책보도 돌려줄게. 살려줘!"

주인은 돌이에게 손이 발이 되도록 싹싹 빌었다.

✿ 다른 사람의 물건이 가지고 싶은데 안 되나요?

탐나는 물건을 보면 누구나 욕심이 생긴다. 누구나 가질 수 있는 이러한 욕구를 과연 행동으로 옮길 것인가, 잠재울 것인가의 문제가 훔치기 행동과 관련된 가장 주된 논점이다.

'잭과 콩나무' 동화 속의 잭은 값비싼 보물들을 보자 갖고 싶다는 생각을 하게 된다. 물론 상대방에게 해를 끼치려는 의도가 있는 것이 아니다. 단지 눈앞에 보이는 물건이 가지고 싶었고, 그것을 참지 못했을 뿐이다. '때려라 방망이'의 주막 주인 역시 눈앞에 보이는 좋은 물건을 놓치고 싶지 않다는 생각을 한다. 다른 사람의 물건을 가지는 것이 잘못되었다는 것을 모르는 것이 아니다. 잘못된 행동인 줄 알면서도 가지고 싶다는 욕구를 조절하지 못한 것이다. 그렇다면 갖고 싶은 욕구를 조절하지 못한 잭은 정말 다른 사람의 물건을 훔치는 나쁜 아이 일까? 아이들의 이런 훔치기 행동이 나타나는 원인은 무엇일까?

1. 가져도 되는 것 아닌가요? -명확하지 않은 소유개념

3,4세의 유아들에게서 남의 물건을 자기 것이라고 우기거나, 빌리는 것인지 훔치는 것인지 모를 만큼 자연스럽게 다른 사람의 물건을 빌리고도 돌려주지 않는 모습을 흔하게 발견할 수 있다. 친구의 장난감을 가져와 갖고 놀면서 천연덕스럽게 "나한테 없으니까 가져왔어요."라고 말하는 아이를 어떻게 이해하면 좋을까?

유아기의 아이들은 일반적으로 해야 하는 행동고 해서는 안 되는 행동을 익히게 되고, 자기 물건과 남의 물건을 서서히 구분해 나간다. 이것이 완성될 때까지는 다른 사람의 물건을 가져갔다 하더라도 흔히 말하는 '도둑질'과는 다르다. 또한 이 시기에 강해지는 자기중심성이라는 발달적 특성과 맞물려 자신이 원하는 것을 욕심내고 무조건 가지고 싶어하며 몰래 물건을 가져간 후에도 큰 죄의식을 느끼지 못한다.

'동기'의 관점에서도 이 시기는 '내가 저 사람의 물건을 훔쳐야지'라는 생각보다는 단순히 '가지고 싶다'는 생각이 앞서는 때이므로 아이에게 어떻게 행동하는 것이 올바른지를 가르쳐주는 것이 혼내는 것보다 선행되어야 한다.

　그러나 이 시기에 충분히 나타날 수 있는 자연스러운 현상이라 하여 묵인하고 넘어가게 되면 아이들은 올바른 소유개념을 배우기 힘들다. 따라서 아이가 남의 물건을 말없이 가져왔다면, 아무리 작은 것이라도 상대방에게 돌려주는 모습을 보여주어야 한다.

2. 그냥 보이니까 가지고 싶어요 -일차적 욕구 충족

　'견물생심(見物生心)'이란 말이 여기에 해당되는 말이다. 그야말로 갖고 싶은 욕망을 어찌하지 못해 훔치게 된다. 먹고 싶은 아이스크림을 사먹기 위해 식탁 위에 놓인 돈을 엄마 몰래 가져간다든지, 내가 가지고 싶은 장난감이 친구에게 있을 때 몰래 숨겨서 들고 오거나, 다른 친구에게 으스대기 위해 남의 소지품을 가져오는 등 자신의 욕구 충족을 위해 다른 사람의 물건에 손을 대는 형태이다.

　이때의 행동은 분명 아이가 자신의 행동이 잘못된 줄 알면서도 갖고 싶다는 욕구와 충동을 억제하지 못해 나타나게 된다. 아이들이 스스로의 욕구를 조절하고 눈앞에 있는 탐나는 물건을 보고도 지나치기 위해서는 무수한 노력과 인내가 필요하다. 이러한 것을 스스로 조절해내는 능력이 바로 자기통제력, 즉 지금 가지고 싶더라도 나중을 위해 참고 규칙을 지키고 충동을 조절할 수 있는 능력이다. 자기통제력이 충분히 성숙하기 전까지 아이들에게는 그들을 통제해줄 수 있는 무엇인가를 필요로 한다. 바로 부모의 "안 돼!"라는 말 한마디, 혹은 "그거 대신 재밌는 놀이 하자." 등 관심을 다른 데로 돌려주는 노력들이 여기에 해당된다.

두 살배기 아이에게 맛있는 과자를 두고 한동안 먹지 말라고 하는 것이 힘든 것처럼 자기 통제력이 충분히 발달하지 않은 어린아이에게 멋진 장난감이 놓여있는 아무도 없는 문구점은 그야말로 참고 싶지만 참기 어려운 시험장과도 같은 것이다.

특히, 주의력 결핍이나 과잉행동 증상을 보이는 아이들처럼 자신의 충동을 조절하기 어려운 아이들, 혹은 부모가 과잉보호하여 아이가 원하는 것을 무엇이든 들어줌으로 인해 '하고 싶은 것을 참는 것'을 배우지 못한 아이들, 결핍된 가정 환경 속에서 무엇이 올바른 행동인지를 제대로 알려주는 어른이 없었던 아이들은 자신의 욕구를 자제하는 능력을 배우지 못해 더욱 쉽게 남의 물건에 손을 대기도 한다. 또한 경제적으로 부족하다고 느낄 경우 저학년의 아동에게서 '훔치기' 행동이 나타나는 주된 이유가 되기도 한다.

3. 내가 힘들다는 표현예요 -결핍감에서 비롯된 욕구 충족의 수단

충분히 애정과 이해를 받지 못할 경우 공허함을 채우기 위한 방편으로 훔치는 행동이 나타나기도 한다. 이는 비단 부모와의 관계에서 뿐만 아니라 친구들과의 관계에서도 마찬가지이다. 친한 친구 없이 외톨이처럼 지내거나 부모로부터 충분한 사랑과 지지를 받지 못하고 있다고 느낄 경우 열등감이나 부족감을 채워나가려는 심리가 작용하게 되고, 그 방편으로 훔치는 행동이 나타나기도 한다. 부모가 아이에게 무관심한 경우 부모의 관심을 얻기 위해 일부러 남의 물건에 손을 대기도 하고, 부모에게 불만이 있는 경우 보복심과 반항의 증거로 엄마의 물건을 몰래 가지고 가는 경우도 많다.

때로는 훔치는 행동을 통해 남의 관심을 끌기도 한다. 훔친 물건을 이용하여 다른 친구에게 나눠주거나 친구의 환심을 사기 위해 맛있는 것을 사주려고 돈에 손을 대는 등 자신감이 없고 친구 관계에서 위축된 아이들은 다른 친구와 친해지기 위해 자신이 가진 무엇인가를 나눠주면서 관계 형성을 하고자 한다. 결국 자신이 가진 것으로 원하는 것을 이룰 수 없는 아이들이 남의 것에 손을 대는 행동을 선택하게 되는 것이다.

4. 계획적인 도벽

이것은 일반적으로 아이들이 보이는 '훔치기' 행동과 구분하는 것이 좋다. '도벽'의 경우 일회적인 훔치기에 비해 보다 지속적이고 습관적으로 나타나게 되며, 이를 위해 대상과 목적을 구체적으로 계획하기도 한다. 이는 초등학교 고학년 이상의 청소년에게서 주로 나타나고, 이러한 도벽 행동은 의도를 가지고 있다는 측면에서 문제행동으로 평가될 수 있다.

✿ 물건을 훔치는 아이, 어떻게 도와주어야 할까요?

1. 꼬리표를 붙이지 말자

'도둑'이라는 꼬리표를 붙이지 말자. 심리학에서 말하는 '자기 예언적 효과'라는 것을 아는가? '넌 잘 할 수 있을 거야'라고 말하며 아이에 대한 기대와 믿음을 심어주는 것이 실제로 아이의 긍정적인 행동을 유도하는 효과를 가져온다. 나쁜 꼬리표 역시 유사한 결과를 가져올 수 있다. 화를 못 이겨 내뱉은 부모의 말이 씨가 되어 아이가 그 말대로 행동해 버릴지도 모른다.

2. 잘못을 고백할 수 있는 기회를 주자

단순히 호기심이나 소유욕 때문에 훔친 것이라고 짐작하기 전에 다른 이유가 있지는 않은지 꼭 알아보자. 훔쳤다는 사실만으로 부모가 당황하고 흥분해서 아이를 마구 다그치거나 체벌을 가하는 것은 바람직하지 않다. 무섭게 화내고 다그치고 비난하게 되면 아이들은 '다시는 그러지 말아야지'라고 생각하기보다, 무서운 엄마, 무서운 아빠에게 들키지 않기 위해 솔직하게 말하지 않고, 좀 더 교묘하게 숨기려고 애쓸 것이다.

먼저 부모가 놀란 가슴을 쓸어내리고 감정을 추스르는 시간을 가지는 것이 좋다. 이후 부모가 차분한 상태에서 아이가 왜 이런 행동을 했는지를 물어보고, 대답할 수 있는 여유를 주어야 한다.

또한 잘못을 고백했다면, 힘든 이야기를 솔직하게 꺼낼 수 있었던 용기를 먼저 칭찬해야 한다. 그리고 아이가 왜 그런 행동을 했는지 이유에 대해 관심을 가져주고, 그 마음을 읽어주는 것이 좋다. 또한 실제로 아이에게 너무 인색하지는 않았는지, 무엇인가 가지고 싶고 사고 싶어하는 아이의 욕구를 지나치게 무시해오지는 않았는지 다시 한 번 돌아보는 것도 필요하다.

3. 다시 돌려줄 수 있는 용기를 주자

아이가 다른 사람의 물건에 손을 댔을 때, 비록 작고 값싼 물건이라 할지라도 모른 척 그냥 넘어가는 것은 바람직하지 않다. 아이가 만일 친구의 물건을 그냥 가져왔다면, 친구에게 가서 스스로 잘못한 행동에 대해 말하고, 가져온 물건을 돌려줄 수 있는 용기를 주자. 단, 이렇게 하는 이유는 스스로 잘못한 행동을 뉘우치고 사과하는 방법을 일깨워주는 것이지 아이에게 수치심을 주고자 하는 것이 아님을 기억해야 한다. 또한 스스로 생각하고 어떻게 행동하는 것이 좋은지를 판단할 수 있는 학령기 아동이라면 어떻게 해결하면 좋을지 방법을 모색하도록 유도하는 것도 도움이 된다.

또한 아이가 다시 물건을 돌려주고 사과를 했다면 결코 쉽지 않은 아이의 용기있는 행동에 대해 아낌없는 칭찬을 해주는 것이 좋다. "이번에는 실수했지만, 앞으로는 그렇게 하지 않을 거라는 걸 엄마는 믿어"란 메시지도 함께 전해주자. 이러한 과정을 통해 아이는 옳고 그름의 기준을 배우고 자신이 한 행동에 책임을 지는 법을 배울 수 있게 된다.

4. 분명한 도덕적 기준을 일깨워주자

아이가 자신의 물건과 타인의 물건을 구분하기 시작하고, 해도 되는 행동과 해서는 안되는 행동을 조금씩 알아가기 시작할 때부터 명확한 기준과 올바른 도덕적 가치를 심어주어야 한다. 어린 시기에는 스스로 도덕적 판단을 내리기에 한계가 있으므로 부모가 반드시 그 기준을 가르쳐주자.

다른 사람의 물건을 쓸 때에는 반드시 빌려가도 되는지 확인하고, 다른 사람의 물건은 반드시 돌려주어야 하며, 남의 물건을 소중히 여겨야 하는 것 등을 알려주어야 한다. 이러한 부모의 가르침이 일관되게 반복되면서 아이는 서서히 마음 속에 이러한 장면들을 새기고, 부모가 없는 상황에서도 똑같이 실행에 옮길 수 있게 된다. 부모 역시 잘못 거슬러받은 잔돈을 지갑 속에 슬쩍 집어넣거나 아이의 물건이라도 아무 말 없이 가져가는 일이 없어야 하고 정직하게 얘기하고 빌려가는 등의 모범을 보여주어야 한다.

5. 물건에 손을 댈 수 있는 기회를 차단하자

부모가 돈을 함부로 관리하여 여기저기 놓아두는 등 아이의 손이 쉽게 닿을 수 있는 곳에 탐나는 물건을 놓아두는 것은 '요녀석, 언제 걸리나?'하고 덫을 쳐놓고 기다리는 것과 같다. 아이가 유혹을 느끼고 혼날 만한 행동을 할 기회를 미리 차단해주는 것이 좋다.

또한 돈을 아무 데나 놓아두고 없어져도 전혀 눈치채지 못한다면 아이는 슬쩍 집어가는 행동을 반복할 수 있다. 나중에 그 금액이 커져 알아차렸을 때에는 이미 아이의 행동을 바로잡을 수 있는 무수히 많은 기회를 놓친 후이다. 아이가 돈에 손을 대는 것을 야단치기에 앞서 부모가 먼저 아이가 함부로 돈에 손을 대지 않도록 잘 관리해주는 것이 필요하다.

 이런 활동 어때요?

1. 거인 되어보기

잭과 콩나무에 나오는 잭이나 거인이 되어보자. 거인이 크고 무서운 인물처럼 느껴져 거인에게서 물건을 훔쳐보는 것은 나쁜 행동이 아니라고 판단될 수 있다. 무섭고 나쁜 사람의 물건을 몰래 가져오는 것은 과연 용인되어질 수 있는 올바른 행동일까? 자칫 겁 없고 호기심 많은 잭의 행동을 재미있고 신나는 모험담으로만 여기는 것은 판단의 혼란을 가져올 수 있다.

거인이 되어 내 물건이 없어졌을 때의 느낌을 느껴보고 함께 이야기해보는 시간을 가지자. 상대가 나쁜 사람이라고 해서 물건을 훔치는 행동이 정당화될 수는 없다.

2. 용돈 계약서 만들기

적절한 수준의 용돈을 주는 것은 아이의 훔치기 행동을 예방하고 시기에 맞는 경제교육을 할 수 있는 유용한 기회를 제공한다. 큰 액수의 용돈을 약속하는 것보다 적은 액수의 용돈을 규칙적으로 제공하고 아빠 어깨 주물러주기, 강아지 밥 주기 등의 간단한 심부름을 통해 보상을 받을 수 있는 계약서를 작성해보자. 로봇이나 캐릭터 카드 등 반드시 필요하지 않지만, 아이가 원하는 것들의 경우 스스로 모은 돈으로 정당하게 살 수 있도록 하는 것이 좋다. 자신이 모은 돈으로 사게 되면, 아이는 장난감을 갖게 된 기쁨과 더불어 열심히 모은 돈으로 샀다는 뿌듯함을 함께 느낄 수 있을 것이다.

용돈을 관리하기에 너무 어린 나이라면 갖고 싶은 장난감 목록을 만들어 계약을 해보는 것은 어떨까? 아이가 착한 행동을 할 때 주어지는 장난감들은 훔치기보다 착한 행동 하기에 열중하게 만들 것이다.

3. 내 마음을 읽어주세요.

아이가 무엇을 원하는지, 어떤 것에 관심이 있는지를 충분히 이해하는 것만으로도 아이의 훔치기 행동을 예방할 수 있다. 게임 형식을 빌려 아이가 무엇을 원하고 있는지를 알아보자.

아이와 마주앉아 "가장 가지고 싶은 것은?", 혹은 "가장 먼저 떠오르는 놀이는?", "가장 재밌었던 일은?" 등의 질문을 퀴즈로 내고 마음 속으로만 생각한다. 그리고 종이에 서로가 보지 못하도록 답을 적고 하나, 둘, 셋에 동시에 열어보자.

부모가 미처 생각지 못했던 것들을 아이들은 떠올리고 있을지 모른다. 정답에 대해 서로 이야기하고 함께 생각해보면서 서로에 대해 이해할 수 있는 시간을 가질 수 있을 것이다.

4. 나는 재판관

학령전의 도덕적 기준이 아직 완전히 형성되지 않은 아이들에게서 흔히 볼 수 있는 현상이 행동의 결과만으로, 혹은 한 가지 단면만을 보고 옳고 그름을 판단하는 것이다. 초등학교 저학년 연령의 아동들 또한 전체적인 행동의 의도나 결과를 모두 고려하여 행동을 하기는 어렵다. 따라서 여러 가지 상황 카드를 보거나, 역할극을 통해 상황을 재연해보고 판사가 되어 옳은 행동이었는지를

판단해 보는 것, 왜 그렇게 생각했는지를 함께 이야기해보는 것은
아이의 가치 판단에 도움을 준다.

먼저 한 가지 상황을 설정하자.

'파란색의 멋진 자동차가 돌이 앞에 떨어져있습니다. 저만치 앞에
친구가 뛰어가고 있는데 가만보니 친구가 가지고 있던 자동차네요.
마침 그 자동차가 부러웠던 돌이는 그 자동차를 슬쩍 바지 주머니에
넣어버렸습니다. 다음날 아침 친구가 자동차를 보았냐고 물어보지만
돌이는 모른척했습니다.'

그리고 아이가 올바르게 상황을 판단할 수 있도록 좀더 많은 단
서들을 제공해주자. 판사가 된 아이는 어떻게 판결할까?

부록 II.

♡ 우리 아이의 도덕성 발달은
　　　　어느 수준에 있을까?

　어릴 적 눈앞에 보이는 맛있는 과자를 슬쩍 집어 주머니에 넣었다가 부모님께 호되게 혼이 난 경험을 가진 사람은 아이의 한 번쯤의 실수를 눈감아 줄 것이다. 그렇다고 초등학교 고학년이 아이가 이런 행동을 하는 것도 실수라고 봐 줄 수 있을까?

　도덕성 발달 연구로 세계적으로 유명한 학자인 콜버그(Kohlberg)는 연령에 따른 도덕적 판단과 그에 따른 행동에 대한 이해를 돕고자 했다. 이를 알면 "또 말썽부리는 나쁜 녀석"의 행동이 "아하, 그럴 수도 있구나."하며 기쁘게 받아들여질 수도 있다. 이는 또한 발달단계에 따라 달라져야 하지만 어르고 달래고 매를 들면서도 여전히 혼란스런 부모의 훈육에 지침을 제공한다.

수준1. 전인습적 도덕성 : "옳은 것이란 혼나지 않는 것, 내가 만족할 수 있는 것이다."

단계1. 행동의 옳고 그름은 그 결과에 달려 있다.(처벌과 복종 지향)

이 단계의 아이들은 자기중심적이기 때문에 타인의 의도나 감정 등에 대해 생각하지 못한다. 단지, 혼이 났기 때문에 내 행동이 나쁘고, 칭찬을 받았기 때문에 좋다고 생각한다.

단계2. 무엇인가 얻을 수 있을 때 규칙을 따른다.(순진한 쾌락주의)

타인의 욕구, 생각 및 의도에 대해 어느 정도 이해하기 시작하지만 여전히 내 욕심을 채우는 이기적인 행동들을 보다 적절한 것으로 여기고 도덕적 행동들 또한 상이 돌아올 것이라는 희망에 근거하여 이루어진다.

유아기~초등학교 저학년 대부분 시기가 이 수준에 해당한다. 이 시기 아동들에게서 갖고 싶은 장난감이나 돈이 눈앞에 있을 때 몰래 가져가거나 나를 때려준 아이를 똑같이 때려주는 행동 등이 보다 쉽게 나타나는 것은 처벌 여부와 자신의 욕구에 근거하여 행동하기 때문이다. 이 시기 아이들에게 스스로 알아서 올바른 일을 행하기를 바라는 것은 아이의 능력을 벗어나는 지나친 기대일 수 있다.

✓ 즉각적으로 알려주라!

이때 중요한 것이 바로 부모의 역할이다. 잘한 행동과 잘못된 행동을 알려주고, 즉각적인 반응을 통해 아이가 옳고 그름을 구분할 수 있도록 한다. 특히 6세 이전의 어린아이들은 즉각적 상과 벌이 긴 훈계나 설명보다 효과적일 수 있다. 이러한 부모의 즉각적 반응을 통해 아이들은 자신의 행동의 기준을 마련하고 점차적으로 내면화하게 된다. 오랜 시간 동안 아이가 잘못된 행동을 구분하지 못하고 제멋대로 행동한다면, '혹시 나의 훈육 방법이 애매하고 비일관적이었던 것은 아닐까' 한 번쯤 의심해보자.

수준2. 인습적 도덕성 : "다른 사람들에게 인정받고, 비난을 피하며, 사회질서를 유지한다."

단계3. 착한 소년 혹은 착한 소녀 지향.

다른 사람을 기쁘게 하고, 도와주고, 인정받기 위해 행동한다. 이 시기에는 '착한 아이'라는 인정이 중요하며, 어른들이 허용하지 않는 것은 하지 않으려 한다.

이제 조금씩 타인의 의도나 관점을 고려하기 시작한다. "그는 좋은 의도를 가지고 있다"라는 표현이 이 단계에 있는 사람들의 일반적 표현으로, 행위는 그 의도에 근거하여 평가된다.

단계4. 사회적 질서를 유지하는 도덕성; 보편적인 타인의 관점을 고려한다.

이제 옳은 것이란 합법적인 권위를 가진 규칙들을 따르는 것이다. 이는 처벌에 대한 두려움이 아니라 규칙과 법이 지켜야 할 가치가 있는 사회질서를 유지하기 때문이다.

초등학교 고학년에서부터 청소년기를 지나 성인기가 될 때까지 점진적으로 발달하게 되는 단계이다. 이 단계에서는 가정, 사회 등 집단의 기대를 따르는 것이 그 결과와는 상관없이 가치를 지니는 것이라고 판단하며, 그렇게 함으로써 인정받고자 한다. 청소년들이 또래 집단에 강한 응집성을 보이며, 때로는 어른들이 보기에 옳지 못한 비행 행동을 집단으로 행하는 것도 자신의 도덕적 개념을 지지해주는 동년배 집단이 있기 때문이다.

✓ 설명하고 함께 고민하라!

이 시기 부모의 훈육은 보다 보편적인 가치기준과 양심에 의거한 설명을 통해 자신이 스스로의 행위를 평가할 수 있는 인지적 기준을 마련해주어야 한다. 이때에는 처벌적이기 보다 행동의 원인에 대해 그 근거를 이야기할 수 있는 기회를 주고, 좀더 합리적인 판단을 할 수 있도록 이끌어주며, 같은 상황에서 더 바람직한 행동이 어떤 것이었을지 함께 고민해보는 것이 좋은 훈육 방법이 될 수 있다.

수준3. 후인습적(원리적) 도덕성 : "도덕적으로 옳은 것과 법적으로 적절한 것이 항상 같은 것은 아니다."

단계5. 사회적 계약 지향

　자율적으로 법을 지키지만, 이것이 인간의 존엄성을 손상시키는 것이라면 이의를 제기할 수 있다. 어떤 것이 합법적이며 어떤 것이 도덕적인가를 구분한다.

단계6. 보편적 도덕원리 지향

　이 단계에서 올바른 행위는 스스로 선택한 도덕원리에 따르는 것으로, 이는 공정성, 정의, 인간권리의 상호성과 평등성, 인간의 존엄성에 대한 존중을 포함한다.

　성인기 단계에 도달하게 되지만 모든 사람들이 6단계까지 도달하는 것은 아니다.

형제끼리 만날 싸워요

3

아이들은 싸우면서 자란다.
그렇다고 언제까지 말리고 타이르면서 참아야만 하나?
형제간 질투심, 경쟁심을 다독이고 다양한 사회적 관계에서의 문제를 건설적으로
해결하게 돕는 방법!

형제끼리 만날 싸워요

4학년 남아입니다. 어려서부터 짜증을 잘 내고 화를 잘 냅니다. 다른 사람들이나 학원, 학교 선생님께는 대체적으로 똑똑하고, 성취욕이나 인정받고자 하는 욕구가 많아 무엇이든 잘한다는 칭찬을 많이 듣습니다. 좀 산만한 것 외에는 지적받는 일도 그리 없습니다. 그런데 제가 볼 때는 부족한 점이 많이 보입니다. 그래서 자꾸 잔소리를 하게 되고 야단을 치게 됩니다.

4살 차이 나는 동생에 비해 이제 많이 컸다는 생각에 충분히 알아서 할 수 있다고 생각하는 일을 못 해내면 야단을 치게 되고 한탄을 하곤 합니다. 그래서인지 아이가 동생에 대해서 경쟁자로 생각하고 조금 잘못하면 제가 야단치는 것처럼 동생을 심하게 야단칩니다. 걸핏하면 못살게 굴고 심술부리고 밖에 나가서도 다른 아이가 동생을 괴롭힐 때 막아주기는 커녕 오히려 같이 괴롭히거나 그냥 나둡니다.

제가 걱정하는 건 첫째 짜증을 잘 내고 별일 아닌 일에 불같이 화를 내는 성격, 둘째 동생을 미워하고 못살게 구는 것입니다. 저를 그대로 닮아버린 아이의 성격을 그냥 방치해두면 안되겠다는 생각이기도 하구요. 뭔가 변화가 필요하다고 느끼는데 어떻게 해야 좋을지 답변 부탁드립니다.

형제를 둔 가정이라면 '엄마, 형이 그렇게 했대요.'라고 고자질하는 동생의 모습과 '저번에 동생이 할 때는 가만있더니 왜 나만 안 된다고 그래? 엄마는 매일 나만 가지고 그래.'라고 투정하는 형(누나)의 목소리를 들을 수 있다. 이런 아이들의 모습에 말려도 보고 타일러도 보지만 아이들의 반응은 늘 "만날 나만 갖고 그래!" "누나가 먼저 시비를 걸었어!" "엄마는 또 오빠 편만 들잖아!" 눈물을 흘리고 잔뜩 속이 상해 뾰로통한 표정을 짓는다. 특히 형제들이 어린 경우에는 더욱 자주 싸우기 때문에 자녀들과 많은 시간을 함께 보내는 어머니들에게 형제갈등은 가정 내에서 해결되어야 할 가장 큰 고민거리이다.

부모들은 형제들이 싸울 때 흔히 "또 싸워? 만날 싸워 만날." 또는 "형제끼리 싸우면 어떡하니? 싸우려면 같이 놀지 마."라고 말하거나, "왜 싸워, 왜?"라고 묻지만 정말 왜 형제들이 싸우는지 그 이유를 묻는다기보다는 형제들이 싸운다는 사실 자체를 비난하고자 하는 경우가 많다. 부모들은 형제간 갈등의 본질보다는 싸움이라는 현상 자체에 관심을 가지며 형제 갈등을 없애는 것에만 관심을 갖는 경우가 더 많다.

아이들은 싸우면서 자란다는 말이 있듯이 형제끼리 싸우는 일 자체만 가지고 야단을 치는 것은 옳지 않다. 아이들은 서로에게 경쟁 심리를 느끼기 때문에 싸우게 된다. 그리고 아이들은 형제끼리 경쟁하면서 이 다음에 사회에 나가 다른 사람들과 경쟁하는 것을 연습하게 된다. 따라서 형제끼리의 다툼은 나중에 사회생활에 적응하기 위한 하나의 연습과정이라고도 할 수 있다. 아이들이 싸우고 있으면 무조건 싸움을 말리기보다는 그 이유가 뭔지부터 알아내야 하며 어떻게 해결하는 게 옳은지 유도해주어야 한다.

그렇다면 형제자매 간에 왜 질투와 경쟁심이 그토록 강하게 나타나는 것일까? 이는 성장발달 과정에서 나타나는 자연스러운 현상일까? 부모는 언제, 또 어떤 문제가 있을 때 개입하는 것이 좋을까?

흥부와 놀부

옛날 옛날 흥부와 놀부라는 형제가 살았다. 형 놀부는 심술쟁이에다 욕심꾸러기였지만, 동생 흥부는 마음씨가 착했다. 부모님이 돌아가시자 놀부는 재산을 혼자 차지하려고 흥부네 식구를 쫓아냈다.

"당장 이 집에서 나가거라!"

그러나 착한 흥부는 형을 원망하지 않았다. 흥부는 작은 오두막집을 짓고 열심히 일했지만 워낙 가진 재산이 없어 가난을 면하기 어려웠다.

아이들이 배고파 우는 일이 계속되자 흥부는 놀부를 찾아가서 사정을 했다.

"아이들에게 줄 보리쌀이라도 조금…."

그러자 놀부의 아내가 나와서 밥주걱으로 흥부의 뺨을 "철썩!"때렸다. 흥부는 뺨에 밥알 몇 톨만 붙인 채 빈 손으로 터덜터덜 돌아왔다.

따뜻한 봄이 왔다. 그런데 흥부네 집 처마 밑에 살던 제비들이 구렁이에게 습격을 당하는 일이 벌어졌다. "앗! 저놈의 구렁이가…." 흥부는 급히 구렁이를 쫓아냈지만, 새끼제비 한 마리가 땅에 떨어져 다리를 다치고 말았다. 흥부는 새끼제비를 정성껏 보살폈다. 가을이 되자, 제비들은 아쉽다는 듯 흥부네 집을 한 바퀴 휘 돌고는 멀리 떠나갔다.

다음해 봄. "지지배배, 지지배배!"노랫소리와 함께 제비들이 돌아왔다. 제비들은 흥부에게 박씨 하나를 떨어뜨렸고, 흥부는 그 박씨를 담 밑에 정성껏 심었다.

박씨는 금세 싹을 틔웠고, 얼마 되지 않아 지붕 위에는 탐스런 박들이 주렁주렁 열렸다. 흥부와 아내는 박을 타기 시작했다. "쓱싹- 쓱싹-쓱싹- 쓱싹-" 박을 열었더니 첫 번째 박에서는 흰 쌀이 쏟아지고, 두 번째 박에는 금은보화가 가득하고, 세 번째 박에서는 목수들이 나와서 대궐 같은 집을 지어주었다.

놀부는 흥부가 부자가 된 것을 샘내어, 제비의 다리를 일부러 부러뜨리고 다시 고쳐주는 척했다. 어쨌든 제비는 놀부에게도 박씨를 물어다 주었다.

박이 열리자 보물이 나올 거라고 기대한 놀부는 서둘러 박을 타기 시작했다. "쓱싹-쓱싹-쓱싹-쓱싹-" 그런데 이게 웬일인가? 박속에서 험상궂은 도깨비가 몰려나와 몽둥이로 놀부 부부를 마구 때리는 것이다. 집도 부수고 먹을 것도 다 들어냈다.

"아이고 나는 망했다!"

놀부는 그동안 너무 욕심을 부린 것을 뉘우치고 흥부를 찾아가 용서를 빌었다. 흥부는 놀부 부부를 따뜻하게 맞아주었고, 그 뒤 흥부와 놀부는 의좋게 살았다.

전래동화인 '흥부와 놀부'에 나오는 형 놀부는 동생 흥부를 늘 못살게 굴고, 나중에는 자기보다 부자가 된 것을 시샘하여 제비 다리까지 부러뜨린다. 왜 놀부는 이런 행동을 하게 되었을까?

우리 아이들, 왜 형제끼리 만날 싸우죠?

1. 형제 순위와 질투심

✔ 장남/장녀 콤플렉스(카인 콤플렉스) "난 동생이 싫어"

첫째아이는 동생이 태어난 뒤 자신에게만 향하던 엄마의 관심과 사랑을 동생에게 빼앗기면서 심한 상실감을 느낄 수 있다. 게다가 큰아이도 아직 어린아이라는 사실을 잊고 부모들은 "형이 잘해야 동생도 잘한다.", "너는 언니니까…"라고 말하면서 갑자기 지나친 인내와 너그러움을 요구하기도 한다. 심지어 형제들이 싸울 때에도 "형이 그러면 못써!"라고 혼을 낸다. 손위 형제에게 주어지는 이러한 부담감과 의무감으로 인해 첫째아이들은 자신이 뭐든지 동생보다 잘해야 한다는 강박관념과 부모의 기대치에 미치지 못한다는 생각으로 인해 자신감이 없이 주변의 눈치를 보게 되며 심하면 좌절감이나 열등감에 빠져 있을 수 있다. 그래서 동생이 자신보다 부모님에게 더 인정받고 사랑받는다고 느끼면 동생을 경쟁자로 보아 심술궂은 행동을 하게 된다. 그 결과 이후에 아우나 후배를 경쟁 상대로 보게 되어 항상 경계하고 두려워하면서 아우나 후배의 성공을 도저히 참아낼 수 없게 되고, 윗사람으로서의 권위와 위계질서를 지나치게 강조하는 '카인 콤플렉스'에 빠지게 된다.

✔ 차남 콤플렉스 "저도 형만큼 잘해요"

둘째아이의 성장 환경은 큰아이와 다르다. 곧 부모와 자기만 사는 환경이 아니라 태어날 때부터 형제가 있었다. 그 형제는 여러 가지 면에서 도와주고 거들어준다. 게다가 형제가 하는 행동을 보면서 서로 모방하며 배운다. 그러므로 동생들은 어떤 일을 훨씬 더 빠르게 배운다는 장점이 있다.

그러나 둘째들은 아무리 노력해도 발달 과정에서 형이나 언니를 따라잡지 못한다. 손위 형제의 발달 과정을 신기하게 지켜보던 부모들에게 둘째아이의 성취는 그다지 놀랍지 않고 개별적인 관심이 덜 가게 된다. 따라서 동생들은 자기보다 앞서 있는 손위 형제에게 열등감을 느끼면서 따라잡기 위해서 노력하게 된다.

2. 형제 갈등의 원인은 질투심과 경쟁심

✓ 질투심과 경쟁심이 생기는 이유

형제들은 같은 부모와 같은 공간, 같은 자원을 공유해야 하기 때문에 부모로부터 더 많은 사랑을 받기 위해서, 더 많은 자원을 차지하기 위해서, 더 많은 사적 공간을 확보하기 위해서 자연스럽게 서로 경쟁하게 된다. 이 과정에서 한 형제가 다른 형제보다 더 많은 사랑과 자원 혹은 공간을 차지하고 있다고 느끼게 되면 다른 형제는 자연스럽게 질투심을 느끼게 된다. 모든 형제는 서로 다른 생각과 의견을 갖고 있기에 형제간의 갈등은 당연하다고 볼 수 있다. 따라서 형제는 저절로 잘 지낼 수 있는 것이 아니므로 부모는 서로 잘 지낼 수 있도록 지도해주어야 한다.

✓ 질투심과 경쟁심은 본능적인 감정

질투심이란 자신이 가장 사랑받고자 하는 욕구가 좌절되었을 때 느끼는 자연스런 분노의 감정이다. 그리고 경쟁심이란 자신이 항상 최고의 위치에 있어야 한다는 생각으로 인해 그 위치를 얻지 못했을 때 느끼게 되는 분노 감정이다. 질투심은 동생이 태어나면서 자연스럽게 나타나고, 형제간의 경쟁심에서 강화될 수 있으므로 부모는 질투심이나 경쟁심이 강해지지 않도록 자녀를 대할 때 노력해야 한다.

3. 부모가 질투심과 경쟁심을 조장할 수 있다

✓ 부모의 편애

첫째아이는 태어날 때부터 기질적으로 엄마와 찰떡궁합일 수 있고, 둘째는 그렇지 않을 수 있다. 때로는 첫째아이가 당신이 싫어하는 점을 더 많이 가지고 있고 둘째는 당신이 좋아하는 점을 더 많이 가지고 있을 수 있다. 부모들이 절대 편애를 하지 않는다고 주장하지만 실제 부모는 모든 아이에게 똑같이 대하지 않는다. 부모는 아이들에게 모두가 다 자기 나름의 개성과 강점, 약점을 지닌 가치있는 존재라는 사실을 알려주어야 한다. 형제 모두 가족의 일원이며 크든 작든 자기 나름의 기여를 하고 있다는 사실을 알려주어야 한다.

✓ 비교의식

"왜 형처럼 침착하지 못하니?", "동생만 못하구나" 등의 말은 형제들끼리 사이좋게 지내도록 할 수 없을 뿐 아니라 오히려 원망하도록 만들 수 있다. 부모가 아이들을 비교하지 않고 아이들의 개인적인 발전 가능성을 인정할수록 아이들은 각자가 사귀는 친구들과 취미를 인정하면서 질투심이 일어날 여지가 적어진다.

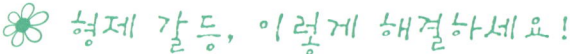 형제 갈등, 이렇게 해결하세요!

1. 아이들이 싸울 때 될 수 있으면
부모는 끼어들지 않는 것이 좋다

"형이 참아야지."라든가, "동생은 형한테 대들면 안 돼."라는 식으로 무조건 한 쪽을 두둔하는 것은 좋지 않다. 형만 혼내는 경우형은 동생에 대해 적대감을 가질 수 있고, 동생은 형을 고자질하는 습관을 가질 수 있기 때문이다. 되도록이면 싸움에 개입하지 않으면서 주먹을 쓰는 방법은 옳지 않다는 것을 가르친다. 그리고 그것을 어겼을 경우 그 부분에 대해서만 야단을 치는 것이 좋다.

2. 아이들과 함께 다툼의 규칙을 세워라

부모들은 아이들과 함께 다툼의 규칙을 세워야 한다. 화가 나더라도 서로를 비방하거나 때려서는 안 되며, 물건을 던져서도 안된다는 규칙을 이야기한다. 각자에게 무엇 때문에 마음이 상했는지, 상대의 어떤 점이 마음에 들지 않았는지를 물어본다. 그 다음 효과적인 조치를 서로 결정하도록 해서 규칙에 반영하도록 한다.

3. 모두를 위해 특별한 시간을 만들자

어느 누구도 특별하다고 느끼지 않는 평등감이나 공정함에 너무 집착하지 말자. 만일 한 아이가 어떤 성취를 해서 칭찬받을 만하다면 다른 아이들에게 미리 준비를 시켜놓자. "오늘 저녁시간에 언니가 학교 달리기에서 우승한 것을 축하해주자. 너희들이 함께 해준다면 정말 의미가 있을 거야." 각 형제들에게 다른 형제들이 축하할만한 일이 있을 때 칭찬해주어야 한다는 점을 가르치자.

4. 싸움을 중재해야 할 때

아이들이 싸울 때 대부분은 옆에서 지켜보는 것이 좋지만, 부모들이 심판권으로 개입되어야 할 때가 있다. 만일 아이가 누군가를 다치게 하거나 손해를 줄 것 같은 위험에 있다면 싸움에 즉각적으로 개입해야 한다. 위험이 분명하다면 안전이 우선이고 심리적인 문제는 이차적인 것이 되기 때문이다. 먼저 싸우는 아이들을 분리시킨다. 그리고 아이들이 자신의 화와 좌절감을 누그러뜨릴 수 있는 시간적 여유를 준다. 너무 자신의 감정에만 사로잡혀 있는 아이들에게 다른 사람이 말하는 것은 들리지 않을 것이기 때문이다. 그 후 서로의 감정을 되돌아보면서 서로의 이야기를 들을 수 있도록 도와주고 다시 문제를 스스로 해결하도록 도와준다.

5. 부모가 일상생활에서 갈등 해결의 본보기가 되라

아이들에게 훨씬 더 큰 도움을 주는 길은 갈등을 해결하는 좋은 문화를 형성하게 해주는 것으로, 이는 부모가 일상생활에서 본보기를 보여주면 된다. 예를 들어 부부 싸움을 하게 되면 아이들은 "어른도 싸우는데 우리도 싸울 수 있다"라고 생각하며 싸움의 강도도 높아질 수 있다. 부모가 아이들과 갈등이 있을 때도 무조건 혼내기보다는 속상한 이유를 물어보고 타협책을 마련해가는 본을 보여준다.

1. 아이들의 연령에 따라 감정 표현방식이 다르다

아직 어린 나이의 아이들은 보통 남을 때린다거나 하는 비언어적 해결방법에 기대기 마련이다. 물리적인 충돌은 발달심리학적으로 볼 때 갈등을 해결하는 첫걸음에 해당한다. 아이의 연령을 고려하여 부모는 아이들이 물리적으로 싸울 수도 있다는 점을 인정해야 한다.

2. 질투심은 새로운 동기를 불러일으키는 에너지가 된다

먼저 부모는 자녀의 질투 감정을 긍정적으로 이해하는 태도가 중요하다. 친구의 새 자전거를 부러워하는 아이를 야단칠 때 아이는 적대감을 갖기 쉬우므로, 아이의 감정을 솔직하게 표현할 수 있도록 들어주고, 이러한 질투 감정이 긍정적으로 이용될 수 있도록 자녀의 질투감정을 동기 유발로 전환시켜주는 지혜가 필요하다.

예를 들어, 자녀가 친구의 새 자전거를 부러워하면서 똑같은 것으로 바꾸고 싶어한다면, 이러한 욕구가 실현되도록 어떻게 하면

새 자전거를 구입할 수 있는지 방법을 찾아보고 용돈 저축하는 것
등을 제안할 수 있다.

3. 건설적으로 형제 갈등을 해결하면 소중한 것을 배우게 된다

- 형제 갈등은 서로가 다르기 때문에 생기는 것이므로 이러한 갈
등을 통해서 자신이 다른 사람과 다르다는 것을 알게 되고, 갈등
에 부딪쳤을 때 다른 사람의 견해를 존중하고 자신의 견해를 방어
하는 방법을 배우게 된다.
- 건설적 형제 갈등 해결 과정을 통해 협상, 타협, 협동과 같은
건설적인 사회적 문제 해결 전략을 사용하는 방법을 배우게 된다.
- 또래 관계에서도 건설적으로 갈등 해결을 하게 되어 친구 관계
를 잘 형성할 수 있다.

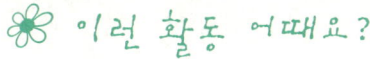 이런 활동 어때요?

1. 흥부 혹은 놀부에게 편지쓰기

흥부나 놀부 중 한 명을 정하여 자신이 하고 싶은 말을 편지로 쓰도록 한다. 아이들은 욕심쟁이 형제를 놀부와 연관시키고, 약자인 자신을 흥부와 연관시켜서 자신이 형제에게 하고픈 말을 우회적으로 표현할 수 있는 기회를 얻게 된다.

2. 흥부 혹은 놀부 얼굴 표정 그리기

동화의 내용 중 가장 기억에 남는 장면의 주인공의 얼굴을 그리도록 한다. 아이들은 자신의 소망을 충족시켜주는 장면을 떠올리게 되고, 흥부 혹은 놀부의 얼굴을 그리면서 형제 갈등에서 자신이 경험한 내면의 감정을 표현하게 된다.

3. 상황 극복하기

아이가 흥부나 놀부 중 한 명을 하고 부모님이 또 다른 형제 역할을 하여 아이에게 인상 깊었던 장면을 재연해본다. 2번을 실시하는데, 처음에는 이야기 내용 그대로 재연하고 두 번째는 아이의 마음대로 이야기를 다시 구성하는 방식으로 한다. 이 과정에서 아이들은 자신이 형제 갈등에서 경험하는 것과 유사하거나 자신의 바람을 충족시켜주는 장면을 선택해서 자신이 원하는 대로 상황을 재구성하면서 그동안 형제에게 하고 싶었던 말이나 행동을 할 수 있는 기회를 제공받게 된다.

4. 같은 점과 다른 점 찾기

형제 간의 서로 다른 점을 찾아보면서 그 차이를 눈으로 확인하고 이야기해보는 시간을 갖는다. 커다란 마분지 한 장을 준비한다. 마분지를 두 부분으로 나눈 다음, 두 아이에게 하나씩 할당한다. 각 아이에게 할당된 부분을 또 다시 두 부분으로 나누어서 한쪽은 자신이 '좋아하는 것'을, 다른 한 쪽은 자신이 '싫어하는 것'으로 꾸민다. 아이들은 자신이 좋아하거나 싫어하는 것에 해당하는 잡지 그림이나 기사를 오려 붙인다. 다 완성된 마분지를 벽에 걸어 놓은 후 서로 간의 같은 점과 다른 점을 확인하고 서로 다른 점을 존중해주도록 서약서를 쓴다.

5. 물건에 표시하기

물건의 주인이 누구인지 분명하게 하여 다툼을 예방할 수 있다. 하루 날을 정해서 장난감이나 물건을 아이들과 협의하여 각자 자기 것으로 나누어준다. 먼저, 어떤 좋은 것을 얻기 위해서는 그와 비슷한 다른 것을 포기해야 한다는 것을 분명히 알려준다. 나누어진 장난감이나 물건에 스티커 모양이나 색깔로 개인적인 표시를 한다. 어떤 표시가 누구의 것인지 가족 모두에게 확실히 하고 이제부터 다른 사람의 물건을 쓰려면 소유자에게 허락을 받아야 한다고 공지한다.

6. 흉내내기 놀이

가족이 모두 모여 앉는다. 한 아이가 무언극으로 가족 가운데 한 사람의 흉내를 낸다. 다른 사람들은 아이가 흉내내는 사람이 누군지 알아맞힌다. 답을 맞힌 사람이 다른 사람을 지목한다. 지명을 받은 사람은 무언극으로 다른 사람의 흉내를 낸다. 이 과정에서 흉내의 대상이 된 사람은 자신이 그런 행동을 했다는 사실을 알고 놀랄지 모른다. 흉내내기가 끝나고 나면 간식과 함께 대화의 시간을 갖고, 남이 자기 흉내를 내는 것을 보고 어떤 느낌을 받았는지 이야기를 나눈다. 대화를 나누면서 엄마 또는 아빠가 먼저 자신의 행동을 고치겠다는 결심을 말하고, 그 행동을 되풀이할 때는 환기시켜달라고 부탁할 수 있다.

7. 별에 소망을 담아요

아이들은 가족 내에서 자신이 기대하는 것이 있지만 미처 이야기하지 못하고 서운함을 느낄 때가 많다. 색지에 별모양을 그리고 가족 모두 한 장씩 나눠준다. 가족들은 각각 별모양 위에 자기 이름을 적는다. 그리고 뒤쪽에는 현재 자기가 가족에게 가장 바라는 소망을 적는다. 이때 물건은 소망으로 적을 수 없다. 가족 간의 관계에 관해서만 소망으로 적어야 한다(예, 나는 막내지만 어떤 일은 제일 잘 한다는 칭찬을 듣고 싶다). 가족 모두 자기 소망을 소리내어 읽은 후 별모양을 접착테이프로 붙여 놓는다. 일주일이나 한 달 뒤에 각자 자기 별의 소망이 이루어졌는지 확인한다. 소망이 이루어졌으면 그 별은 떼서 간직하고, 아직 이루어지지 않았으면 별을 그대로 붙여둔다.

친구들도 놀리는데 왜 나만 혼내는 거야!

4

나이보다 똑똑하고 의젓해 늘 칭찬받는 우리 아이,
왜 친구를 놀리고 따돌릴까?
타인을 감정을 읽고 배려하기엔 아직 이른 것일까?
그렇다. 혼내지 말고 명확히 알려주라.

친구들도 놀리는데
왜 나만 혼내는 거야!

유치원에 다니는 우리 아들은 예쁜 여자를 유난히 밝혀요. 예쁘고 젊은 누나들을 보면 엄마를 찾지도 않고 누나들만 따라다닐 정도니까요. 약간 서운하기도 하지만 어리니까 그럴 수도 있거니 했죠. 그런데 문제는 이 녀석이 자신이 보기에 못생겨 보이고 마음에 안 들면 함부로 말을 하는 거예요. 이 버릇 때문에 곤란한 적이 한 두 번이 아니에요. 유치원에 입학하던 날도 담임선생님이 못생겼다며 옆 반 선생님으로 바꿔달라고 울고불고 난리를 부려 어찌나 당황스럽고 민망하던지…. 집에 와서 왜 그랬냐고 다그치고 혼을 냈는데, 잘못했다고 해도 그때뿐이네요. 이런 행동이 너무 돌발적이고 불규칙해서 미리 방지하기도 어렵고 너무 버릇 없어 보여서 걱정스러워요. 어쩌면 좋죠?

올해 초등학교에 들어간 우리 딸, 가끔 황당한 질문을 하기도 하고 여느 아이들에 비해 잔머리가 보통 아니란 걸 느끼기도 하지만 버릇이 없거나 못된 아이로 키우지는 않았다고 생각하고 있었는데, 요즘 모습을 보면 걱정이 돼요. 학교에서 우리 아이가 "아이 더러워. 넌 몇 살인데 코를 흘려, 바보같이. 이 바보 코찔찔아!" 라고 한 친구에게 말하니 다른 친구들도 같이 그 친구를 놀리더군요. 집에 와서 왜 그랬냐고 물어보니 당당하게 "코를 흘리고 있잖아, 더럽게. 다른 애들도 다 그랬는데 왜 나보고만 그래!" 라고 말하는군요. 정작 다른 친구들이 자기를 놀리면 분해서 하루 종일 울고불고 난리를 치면서 왜 친구를 놀리는 걸까요?

엄마가 아플 때면 약도 챙기고 엄마 대신 청소를 해보겠다고 끙끙거리거나 어린 동생을 돌보는 아이를 보며 부모는 '이 녀석 참 의젓해졌네.'라는 생각이 들어 대견스러운 마음과 함께 부모로서의 자부심을 느낀다. 그러나 항상 예의 바르고 착하기만 한 줄 알았던 우리 아이가 친구를 놀리며 괴롭히거나 타인의 면전에서 그 사람의 단점을 꼬집어 말할 때, 부모는 당황하게 된다.

혼을 내도 아이의 행동은 크게 바뀌는 것 같지 않고, 때로는 모르고 하는 것인지 알면서 일부러 하는 것인지 부모조차 헷갈리기도 한다. 남을 배려하다가도 이기적으로 돌변하는 모습을 보여주는 우리 아이를 보며 커서도 다른 사람을 배려할 줄 모르는 이기적인 아이가 되는 것은 아닐까 염려는 커가지만 어떻게 대처해야 할 것인지 확신하기는 어렵다.

어릴 적엔 누구나 한번쯤 함부로 말하다 혼나거나 친구를 놀려서 마음을 상하게 한 경험이 있을 것이다. 친구 장난감이 부러워서 "왜 우리 집은 돈이 없어. 현식이 아빠가 우리 아빠면 좋겠어."라고 말해 부모님 마음을 상하게 했거나 작은 키, 몸무게 때문에 땅꼬마, 백돼지, 뚱보, 하마 등의 별명을 지어 친구를 놀린 경험은 누구나 가지고 있는 어릴 적 추억 중 하나이다.

이런 추억을 더듬어보면서 '내 아이도 한때겠지.'라며 말썽꾸러기들의 어릴 적 장난으로 넘어갈까 하다가도 학교 폭력에 대한 뉴스를 보면 남의 일 같지 않아 어릴 적부터 엄하게 꾸짖어야할 것도 같다.

"뚱보 대머리 아저씨!"라고 말하는 우리 아이, 무엇이 문제일까?

여우와 두루미

여우가 두루미를 저녁 식사에 초대했다.

"어서 와. 맛있는 걸 많이 준비했단다."

"초대해줘서 고마워."

여우와 두루미는 음식이 차려진 식탁 앞에 앉았다.

"자, 어서 먹자"

여우가 말했다. 하지만 두루미는 식탁을 보고 너무나 실망하고 말았다. 음식이 모두 납작한 접시에 담겨있지 않은가. 게다가 건더기도 별로 없는 멀건 국이었다. 기다란 부리를 가진 두루미는 아무리 노력해도 음식을 먹을 수가 없었다.

"왜 안 먹니? 배가 고프지 않은가 보구나. 그럼 내가 다 먹어야겠다."

여우는 얄밉게 웃으며 두루미 앞에 있는 접시를 가져다가 후루룩 다 비워버렸다. 두루미의 뱃속에서는 꼬르륵거리는 소리가 계속 났다. 두루미는 화가 나 인사도 하지 않고 집으로 돌아가고 말았다.

며칠 뒤 이번에는 두루미가 여우를 초대했다.

"여우야! 내일 우리집에 오지 않을래? 네가 좋아하는 생선 요리를 할 거야."

다음날 여우는 맛있는 생선 요리를 기대하며 아침부터 굶었다. 마침내 약속 시간이 되자 여우는 신이 나서 두루미네 집으로 갔다. 여우가 식탁에 앉자 두루미가 음식을 내왔다.

"이게 뭐야?"

여우가 소리를 질렀다. 맛있는 생선 냄새를 솔솔 풍기는 음식이 긴 주둥이가 달린 병 안에 들어 있었다. 두루미는 긴 부리로 병 안에 들어 있는 생선을 꺼내 맛있게 먹었다.

"왜 안 먹니? 맛이 없니?"

두루미가 웃으며 말했다. 여우는 아무 말도 못하고 되돌아올 수밖에 없었다.

'여우와 황새' 이야기에서 여우는 친구를 배려할 줄 모르는 이기적인 동물을 대표한다. 왜 우리 아이들은 여우처럼 자기 생각만 하게 되는 것일까?

❀ 우리 아이, 왜 남을 배려하지 못하죠?

1. 아직은 미성숙한 우리 아이들

사회성이란 상황에 따라 상대방이 기분 나쁘지 않도록 말과 행동을 하며 좋은 관계를 만들어나가는 능력인 만큼 자신이 생활하는 사회의 도덕적 규범과 규칙을 올바로 알아야 한다. 아이들의 사회성은 아직 완전히 형성되지 못했으며 이는 도덕성이 완성되지 않았기 때문이다. 아이들의 도덕성은 시소와 같다. 아직 완전하지 못하기 때문에 이기심과 이타심이 시소의 양 끝에서 상황에 따라 한쪽으로 심하게 쏠리며 평형을 잃어버리기 쉽다. 시소가 어느 한쪽으로 쏠릴 때마다 아이들은 그 나이에 대단하다고 생각될 정도로 친구나 동생을 챙기고 배려하다가도 다른 사람을 놀리고 못되게 구는 전혀 다른 모습을 보여주는 것이다.

도덕성의 시소가 이기심 쪽으로 기울어 있을 때는 자기중심적으로 생각하고 타인의 마음이나 상황을 헤아리지 못하는 여우처럼 행동한다. 자신의 상황에만 익숙한 여우는 황새를 초대하고도 자신이 편한 그릇만을 준비하는데 이러한 모습은 모든 아이들에게서 흔하게 볼 수 있다.

자전거 타기가 재미있다며 어린 동생보고 자신의 자전거를 타보라고 생색내고, 잘 타지 못하면 "왜 못 타? 이렇게 그냥 앉으면 되는데."라고 으스대는 아이, 길거리에서 마주친 아저씨를 보고 "대머리 빡빡이! 문어가 걸어가는 것 같아."라고 말하며 깔깔거리는 아이는 악의가 있다기보다는 여우와 같이 자신의 입장에서만 생각하고 행동한 것이다. 이런 아이들은 대머리 아저씨가 "너는 키 작은 꼬맹이구나."라고 대꾸하면 바로 자신을 놀렸다며 화를 낼 것이다. 자신이 아저씨를 놀린 것은 크게 중요하지 않다. 자신은 아저씨를 놀릴 생각으로 한 말이 아니기 때문이다. 갑자기 아저씨가 자신을 놀리는 것만 의아하고 화가 날 뿐이다. 아이는 황새가 차린 식탁에 대해 '이게 뭐야?'라고 소리치는 여우처럼 지금 상황이 어떻게 된 것인지 알지 못하는 것이다.

어른들이 볼 때는 아이들의 말이나 행동이 상대방에게 실례가 되고, 자신이 당하면 기분 나쁘다는 것을 아이도 당연히 알고 있을 것이라고 생각하기 쉽지만 실상 아이들은 알지 못하는 경우가 많다. 아이는 다른 사람을 놀리거나 불쾌하게 만들려고 한 것이 아니라 단순하게 자신이 느끼고 생각한 대로 표현한 것뿐이다.

아이들의 이러한 부적절한 태도는 사회성과 도덕성의 발달이 미숙해서 나타나는 것이다. 아이들은 만 4세경부터 타인과 사물의 소속에 대한 이해가 빠르게 발달하기 시작한다. 이 때부터 내 것과 남의 것을 구분하기 시작하고 다른 사람에 대한 평가도 시작하게 된다. 그러나 이러한 평가는 지극히 자기중심적이며 타당하지 못하다.

만 3~4세 아이들은 자신이 재미있을 때는 좋게 평가하다가 재미가 없어지면 나쁘다고 말한다. 만 4~5세경에는 상대방을 외모나 옷차림 등으로 판단하기 때문에 예쁜 여자, 멋진 남자를 따르고 뚱뚱하거나 못생긴 것, 성별에 맞지 않는 옷차림 등을 함부로 지적한다. 만 5~6세경에는 자신이 알고 있는 몇 가지 절대적 기준에 따라 흑백 논리로 판단하고, 자신이 옳다고 믿기 때문에 이때부터 아빠에게 "술 마시지 마.", 노처녀 고모가 있다면 "왜 결혼 안 해?"라고 잔소리를 하기 시작한다. 만 7~8세경이 되어서야 여자도 머리가 짧고 군대에 갈 수 있다는 특별한 경우를 고려할 수 있고, 만 8~10세경이 되면 성인과 비슷한 가치 기준으로 상황을 판단할 수 있게 된다.

다시 말해 아동기에는 사회적으로 암암리에 지켜지는 관습이나 규범, 예의를 정확히 알지 못하기 때문에 각 상황에서 자신이 이런 행동이나 말을 해도 되는지 안 되는지를 제대로 파악하기를 기대하는 것은 무리이다. 아직은 이러한 규칙들을 몸소 배우며 사회성을 형성해 나갈 시기인 것이다.

루돌프 사슴과 친구들

깊은 산속 사슴마을에 정직하고 착한 새끼사슴이 살고 있었다. 루돌프라는 이름의 이 사슴은 다른 사슴에 비해서 못생기고 키도 작고 말랐을 뿐만 아니라 코까지 빨갛게 부풀어올라 늘 친구들에게 따돌림을 당하는 외톨이였다. 어느 날 친구들 중 한 명이 루돌프를 보며 "못난이 빨간 코! 기분 나쁘니 가까이 오지 말고 저기서 혼자 놀아"라며 심하게 놀렸다. 한 친구가 놀리기 시작하자 다른 친구들도 모두 같이 놀리기 시작했다. 루돌프는 날마다 괴로움 속에 살았고 못난 자기를 한탄하였다. 친구들 눈에 띄어 구박을 당할까 봐 늘 혼자 숨어다녔다.

어느 날 산타클로스가 사슴마을을 찾아왔다. 썰매를 끌 사슴을 선발하기 위해서였다. 루돌프도 산타를 위해 썰매를 끌고 싶었지만 자신처럼 작고 못생긴 사슴은 산타도 싫어할 거라고 생각하고 광장 한 귀퉁이에 숨어서 부러운 눈으로 다른 사슴들을 바라보기만 했다. 그런데 갑자기 산타클로스가 구석에 숨어 있는 루돌프에게 다가왔다.

"너는 왜 나무 뒤에 숨어 있니? 모든 사슴은 심사를 받을 수 있단다. 내가 볼 수 있게 앞으로 나와 줄을 서렴."

다른 모든 사슴들은 산타클로스가 마음이 좋아서 루돌프도 심사에 끼워줬지만 뽑힐 거라고는 상상조차 하지 않았다.

잠시 후 발표가 나자 모든 사슴들은 자신들의 귀를 의심했다. 뜻밖에도 산타클로스는 그 많은 사슴 중에서 루돌프를 뽑았던 것이다. 산타클로스는 강한 다리나 잘 생긴 얼굴보다 반짝반짝 빛나는 코를 가진 사슴을 원했다. 그렇게 영광스럽게 루돌프는 발탁되었고, 안개가 짙게 껴 길이 안 보이는 크리스마스 전날 밤, 산타크로스의 앞길을 비춰 안전하게 일을 마칠 수 있었다.

"루돌프가 아니었으면 아이들에게 선물을 나눠주지 못할 뻔했어."

산타크로스는 루돌프를 매우 칭찬했다. 그후로는 다른 사슴들도 루돌프를 좋아하며 사이좋게 지냈다.

❀ 우리 아이, 왜 친구를 놀릴까요?

1. 감정이입 능력이 발달되지 못해 아직 친구의 감정을 이해하기 어렵다

만 3~4세경부터 아이들은 또래와 함께 놀이를 하기 시작하는데, 두 명 이상이 모이면 종종 한 명을 끼워주지 않는 경우가 있다. 부모들이 혼을 내도 잠시뿐 아이들은 쉽사리 다 함께 어울리지 못한다. 나아가 아이들은 루돌프처럼 작고 왜소하거나 못생긴 친구를 고의적으로 괴롭히거나 더 심술궂게 대한다. 루돌프는 친구들의 놀림에 상처를 받고 몹시 괴로워했지만 친구들은 어느 누구도 루돌프의 고통에 관심을 갖지 않는다. 친구를 놀리면서 아무런 죄책감도 없는 사슴과 같은 아이를 올바르게 양육하기 위해서는 부모가 아이의 발달적 특성을 이해하고 적절한 도움을 줄 수 있어야 한다.

어린아이들이 루돌프의 친구들처럼 외모나 자기중심적인 기준으로 사람을 판단하여 놀리고 괴롭히는 이유는 감정이입 능력이 미성숙하기 때문이다. 감정이입 능력은 다른 사람의 생각과 경험, 그리고 슬픔, 기쁨, 고통, 배고픔 등의 느낌을 마치 자기 자신이 경험하는 것처럼 느껴보고 타인의 입장이 되어보는 과정으로 인간이 갖는 특별한 능력 중 하나이다.

여러 심리학자들은 감정이입 능력이 사회생활을 가능하게 하는 대인관계의 필수적인 요소이며 도움 행동, 이타주의, 협동, 나누기 등과 같은 친사회적 행동의 기초를 제공한다고 한다. 이 같은 감정이입 능력이 발달하려면 타인의 정서 상태를 구분하는 인지적 능력과 함께 타인의 역할과 관점을 이해하고 타인의 정서를 공유할 수 있도록 긍정적인 정서(기쁨, 신남, 자부심 등) 혹은 부정적인 정서(화남, 슬픔, 질투 등)를 경험을 통해 알아야 한다. 때문에 감정이입 능력의 발달은 단계적으로 이루어지며 지적능력 발달과 밀접한 관련이 있다.

태어나서 생후 1년까지 아이들은 아직 대상 영속성[1]이 형성되지 못한 시기여서 자신과 타인을 구분하지 못하고 주변의 자극에 무의식적으로 반응하는 단계라고 할 수 있다. 그러므로 비록 아기는 다른 아기가 울면 같이 울지만 진정으로 공감한다고 보기는 어렵다.

만 1세가 지나면 유아는 대상 영속성을 획득하여 눈에 안 보여도 엄마가 사라진 것이 아니라 존재한다는 것을 알 수 있게 된다. 뿐만 아니라 자신과 타인의 구별이 가능해지며 자신이 느끼는 감정이 다른 사람에 의한 것임도 알게 된다. 그러나 아직은 타인의

---

1) 대상 영속성이란 사물이 눈앞에 보이지 않고 만질 수 없을 때에도 사라진 것이 아니라 여전히 존재한다는 사실을 아는 것이다. 1세 미만의 어린아이들은 이 능력이 아직 발달하지 않았기 때문에 까꿍 놀이를 신기해하고 좋아한다.

생각과 자신의 생각이 다를 수도 있다는 것을 알지 못한다.

만 2~3세가 되어야 아이들은 타인이 나와 다르게 생각할 수도 있다는 사실을 알기 시작한다. 그리고 현실과 자신의 머릿속에 들어있는 상상세계가 다를 수 있다는 것을 깨닫기 시작하지만 아직은 미숙하다. 꿈에서 냉장고 가득 들어있는 아이스크림을 보고 행복했던 아이가 아침에 눈을 뜨자마자 냉장고를 열어보고 엄마에게 자신의 아이스크림을 다 먹었다고 화를 내는 것도 이러한 이유이다. 자신의 생각과 남의 생각이 다를 수 있다는 사실을 알게 된 아이들은 이때부터 다른 사람의 기분과 생각을 알기 위해 더 주의를 기울이고 민감하게 반응한다. 하지만 아직은 부모가 싸운다든가 식구 중 누가 많이 아플 때 등 특수한 상황에서만 타인에 대한 감정이입이 가능하다.

아이들은 만 6~7세경이 되어서야 타인의 감정에 대해 특별한 상황뿐 아니라 친구가 장난감을 빼앗겨 속상해 우는 것과 같은 일반적인 상황에서도 '친구가 정말 속상 하겠구나.'라고 감정이입을 할 수 있게 된다. 즉, 아이가 더 나이를 먹어야만 더욱 성숙된 감정이입이 가능하게 되는 것이다. 따라서 취학 전에는 이기적이며 비이타적인 행동을 보이다가 아동후기(만 6~7세 이후로 학령기에 해당됨)에 들어서야 이타적 행동이 자리잡게 되는 것이다.

✿ 남을 배려하지 못하고 놀리는 아이, 어떻게 도와주어야 할까요?

1. 혼내지 말고 알려준다

때때로 아이들은 자신이 친구에게 못되게 굴고 있다는 사실을 알지도 못하기 때문에 혼내기 이전에 자신이 무엇을 하고 있었는지 명확히 알려줄 필요가 있다. 이때 "만약 친구가 너한테 그렇게 하면 네 기분은 어떨 것 같으니?"라고 설명하는 것은 효과적이지 못하다. 아이들은 아직 타인의 감정을 공감하고 자신의 경험과 연결시켜 생각하는 것이 어렵기 때문이다. 대신 아이가 한 행동은 잘못된 것이며 그 행동으로 친구가 마음이 아프다는 것을 분명히 말해줘야 한다. 친구의 괴로운 마음을 아이가 알 수 있도록 "네가 놀리니까 친구 표정이 어떻게 변했니? 그런 표정은 어떨 때 짓는 거지?"라고 친구의 변화된 모습을 묘사해주는 것이 좋다. 앞으로도 잘못된 행동에 대해서는 제지받을 것임을 분명히하고 친구에게 사과하도록 "○○야 내가 ◇◇◇해서 미안해."라고 구체적인 문장을 만들어서 알려주자.

단, 이와 같은 훈육은 친구와 놀던 장소가 아닌 부모와 아이만 있는 공간에서 해야 한다. 친구 앞에서 아이를 혼낼 경우 수치심으로 인해 친구를 더 괴롭히거나 자신의 잘못을 수긍하지 않는 역효과가 날 수 있기 때문이다.

한 번 이러한 경험이 있은 후에도 아이가 반복적으로 잘못된 행동을 한다면 평소에 아이와 분명한 규칙을 세워둬야 한다. 자신의 마음에 들지 않는 사람에게도 예의 바르게 대해야 하며 함부로 말하지 않는다는 내용이 들어가도록 "친구를 놀리지 않기" 또는 " 상대방이 인사하면 받아주기", "욕하지 않기" 등으로 만드는 것이다.

2. 경험하게 한다

친구를 놀리면 그 친구가 정말 기분이 나쁜지 확인할 수 있도록 놀림당한 친구와 아이를 마주하게 한 후 놀림당한 아이가 직접 "네가 나를 자꾸 놀려서 기분이 나빠. 너무 속상해!" 라고 말하게 하여 놀림당한 아이의 기분을 놀린 아이가 확인할 수 있도록 한다. 이 과정을 통해 막연하던 친구의 감정을 명확하게 보여주어 아이의 이해를 높이는 것이다.

3. 자신의 감정부터 확인하게 한다

아이가 공감하는 법을 배우도록 도와줄 때 가장 중요한 점은 자신의 감정에 대해 말하도록 도와주는 것이다. 자신의 감정을 정확히 알아야 타인의 감정에 공감할 수 있다. 일상에서 아이의 감정에 대해 이야기를 나누는 것은 공감 능력 높여줄 뿐 아니라 정서적으로도 큰 도움이 된다. 아이와 감정을 이야기하기 위해서는 아이의 일상생활을 알고 있어야 한다.

아이에게 일상을 물어볼 때는 "오늘 뭐했니? 어땠어?"가 아니라 구체적인 질문을 해야 한다. 모호한 질문은 모호한 답을 가져올 뿐이다. 취조하듯이 "왜?" "그래서 어떻게 했는데?"라는 질문은 삼가해야 하며 행동의 잘잘못을 가려서도 안 된다. "짝 이름은 뭐니?", " 점심시간에는 뭐하고 놀았어?"와 같이 구체적으로 질문하고 아이가 한 일에 대해 혼내거나 잔소리를 하지 않아야 아이가 부모와 친밀감을 느끼고 편하게 말하게 된다.

아이가 하루 일과를 말하면 그때마다 아이가 느꼈을 감정에 대해 구체적으로 언급해준다. "정말 배고팠겠다.", "창피해서 많이 속상했겠구나.", "굉장히 신났겠는걸."와 같이 그때 그때 아이가 느꼈을 감정에 대해 호응해주어야 한다. "왜 기분이 상했는지 엄마는 다 알고 있어."라며 모든 것을 아는 것처럼 할 필요도 없다.

아이의 감정을 설명하려거나 해결하려 들지 말고 있는 그대로 이해하고 받아주는 것만으로도 충분하다.

4. 친구의 감정을 이해해본다

아이들은 자신의 경험을 토대로 다른 사람의 감정을 추측하는 방법을 배워나가기 때문에 타인의 감정을 이해하는 교육이 필요하다. 일상생활에서 형제나 또래와 갈등이 있을 때 "형이 화난 표정인걸. 네가 형 책에 낙서를 해서 기분이 상한 것 같은데."라며 상대방의 감정을 아이에게 알려주면 아이는 좀더 쉽게 상대방의 마음을 이해할 수 있다. 동화책이나 만화를 이용하면 더욱 좋다. 주인공들을 보며 "이 친구 기분이 어떤 것 같아?" 또는 "우와, 주인공이 정말 겁이 나는 것 같아!"와 같은 대화를 통해 간접적으로 주인공의 감정을 공감해보는 경험을 할 수 있다. 하지만 줄거리 이해에 방해가 안 될 정도로만 질문하고 책이나 TV를 볼 때마다 물어보지 않는 것이 좋다. 만약 아이가 짜증을 낸다면 바로 중단하고 아이가 보던 내용에 몰두할 수 있도록 배려해줘야 한다.

5. 부모 · 자녀 관계가 모든 관계의 첫 경험이다

아이들이 처음으로 마주하게 되는 사회적 관계는 가족이다. 따라서 남을 위해 배려하고 양보하는 첫 행동의 대상도 부모, 형제이기 마련이다. 부모가 타인을 존중하고 예의 바르게 행동한다면 아이들은 그러한 부모의 모습을 기준으로 삼고 행동하게 된다. 부모 · 자녀 관계를 통해 배운 사회성은 이후 또래와의 관계 속에서 그대로 나타나므로 부모는 자녀의 사회성 발달에 가장 중요한 선생님이라는 것을 잊지 말아야 한다.

6. 아이가 잘해도 계속 칭찬해준다

아이들이 배운 것을 몸으로 체득하기까지는 긴 시간이 필요하다. 타인의 입장을 존중하고 배려하는 것은 항상 노력이 필요하다는 것을 잊지 말아야 한다. 아이가 잘하고 있다면 칭찬을 아끼지 말자. 아이가 당장 올바른 행동을 안 하더라도 격려하며 믿어줘야 한다. "넌 지금 아주 잘하고 있어. 앞으로도 잘할 거라고 엄마는 믿어!"라고 말해주면 아이도 힘이 날 것이다.

1. 얼굴 표정 알아 맞추기

다른 사람의 감정을 이해하고 공감하기 위해서는 감정과 표정을 분명히 알고 이 둘을 연관지어 인식할 수 있어야 한다. 그러므로 그림 카드를 이용한 놀이를 통해 감정을 몸과 언어로 확인하는 시간을 가져본다.

다양한 얼굴 표정과 자세를 하고 있는 그림을 준비한다. 그림 카드에 나와 있는 모습에 대해 아이와 함께 이야기 나눈다.

[질문의 예]

이 친구는 어떤 표정이니?

왜 이런 표정을 짓고 있을까?

친구가 이런 표정을 하고 있을 때에는 어떻게 해주면 좋을까?

충분히 이야기를 나눈 후 그림 카드와 똑같이 표정을 지어보게 한다. 그 다음 식구들이 일렬로 뒤로 돌아선 후 맨 앞에 사람이 한 장의 카드를 들어 보고 뒤에 선 사람에게 얼굴 표정이나 몸동작으로만 그림 카드의 내용을 전달해 준다. 처음 그림 카드 내용이 정확히 전달되었는지 마지막 사람이 확인한다. 어른들은 아이들이 어떨 때 이런 감정이 드는지, 어떤 표정을 짓는지 명확히 알 수 있도록 돕는다.

2. 엄마가 되어본다

아이들은 아직 감정이입 능력이 충분히 발달되지 않았으므로 생각만으로는 다른 사람의 마음을 이해하고 배려하기 어렵다. 몸으로 직접 상대방의 역할을 해봄으로써 다른 사람의 상황과 마음을 경험할 수 있다. 어린아이들은 친근한 사람에게 좀더 감정이입을 할 수 있고 배려하는 행동을 보이기 쉽다. 따라서 가족의 역할을 먼저 연습한 뒤 이후 동화 속 주인공이나 친구들의 상황을 연습해보면 좋다.

우리 엄마 또는 아빠를 상징하는 소품을 준비한다. 한가한 주말에 한두 시간 정도 엄마와 아이가 역할을 바꾸어 생활해본다. 옷이나 소품으로 분장을 하고 말투도 아이는 엄마에게 반말을, 엄마는 아이에게 "엄마"라고 부르며 존댓말을 사용한다. 엄마가 완전히 아이의 모습을 흉내내서 행동수록 아이는 더욱 재미있어하고 엄마의 역할에 몰입하여 공감할 수 있다. 놀이가 끝난 다음 어떤 생각과 감정이 들었는지 서로 이야기해본다. 자신이 바꿔야겠다고 느낀 점 등을 이야기할 수 있다면 더욱 좋다.

3. 친구에게 눈, 코, 입을 만들어 주자

친구, 또는 다른 사람의 얼굴 표정을 만들어보며 상황에 따라 사람들이 어떤 표정을 짓는지를 배워보는 시간이다. 이 놀이를 통해 아이들은 자연스럽게 사람들이 어떨 때 어떤 표정을 짓는지 한 번 더 생각하게 될 것이다.

우선 흰 도화지에 눈썹모양, 눈 모양, 코, 입 모양을 다양하게 만들어서 각각 오린 후 뒤에 찍찍이를 붙여준다. 두 번째로 눈, 코, 입이 없는 얼굴만을 도화지 위에 그려준다. 얼굴 안에 눈썹, 눈, 코, 입의 위치에 찍찍이를 붙여놓는다. 이렇게 만들어 놓은 눈썹, 눈, 코, 입으로 얼굴 안에 마음대로 여러 가지 표정을 만들어보자.

4. 아이와 함께 하는 자원봉사

남을 배려하는 마음과 태도는 부모님의 행동을 보며 직접 따라 하는 것만큼 좋은 것이 없다. 아이들과 함께 할 수 있는 자원봉사 시간을 가진다면 여러 번 말로 교육하는 것보다 빠르게 아이들이 변할 것이다. 어린아이를 데리고 무슨 봉사를 할 수 있을까 생각할 수도 있지만 자원 봉사가 다양하게 이루어지고 있는 요즘에는 할 수 있는 활동들이 많다. 연말에 양로원 등에 아이들과 함께 방문하기, 고아원이나 장애인 시설에 방문하여 식사 도와주기나 청소, 빨래하기, 동물자유연대 같은 유기동물보호소에서 청소하기 등 여러 기관에서 다양한 자원봉사가 가능하나. 환경이 여의치 않다면 부모가 자원봉사를 하는 모습을 직접 보여주며 옆에 함께 있는 것만으로도 교육이 될 수 있다.

사소한 일에도
오래 지르고 화를 내요

5

마땅히 자기 감정을 조절할 나이가 되었음에도 우리 아이가 원하는 것을 얻기
위해 화내고 과격한 행동을 한다면?
설마 ADHD?
감정 조절과 행동 통제 능력을 어떻게 키워줄 수 있을까?

사소한 일에도 소리 지르고 화를 내요

　이제 6살이 되어 유치원에 다니는 우리 아이는 어렸을 때부터 화를 잘 냈어요. 잘 시간이 되어 장난감을 치우라고 하면 싫다고 울면서 장난감을 던지고, 갑자기 과자를 사달라고 해서 내일 사준다고 해도 참지 못하고 발을 구르며 소리를 질렀어요. 요새는 유치원에서도 친구가 갖고 있던 장난감을 주지 않으면 기다리지 못하고 화를 내며 결국 친구를 때리거나 장난감을 뺏어버린다고 해요. 조금만 기분이 상해도 금방 눈을 부릅뜨고 소리를 지르며 화부터 내요. 나이가 들면 나아지려니 했는데, 달라지기는 커녕 오히려 심해졌어요. 말도 함부로 하며 점점 과격해지네요. 어떻게 해야 할까요?

아이들은 원하는 것을 못하게 하거나 기다려야 할 때 쉽게 화를 낸다. 아이들은 욕구가 좌절되면 참지 못하고 즉시 부정적인 감정이 솟구치며, 이런 감정을 떼를 쓰고 조르고 소리를 지르며 화를 내는 행동으로 표현한다. 이러한 경향은 어른이 아니라 아이이기 때문에 당연한 것이다.

그러나 아무리 아이라도 나이가 들면서 쉽게 화내는 행동은 점점 줄어든다. 기저귀가 젖거나 배가 고프면 사정없이 울어대는 신생아들과는 달리 유아들은 욕구가 즉시 채워지지 않아도 손가락을 빨거나 어른을 쳐다보면서 잠시 기다릴 수 있다. 아동기에 들어서는 아이는 스스로 해결할 수 있는 방법을 생각해보기도 하고, 말로 도움을 구하고 상대방의 설명을 들으며 타협도 한다. 이와 같이 욕구를 충족시키기 위한 인내력은 나이가 들면서 점차 향상되고, 말을 알아듣고 표현하게 되면서 기분이 나쁘다고 해서 금방 과격하게 화내는 일은 많이 줄어든다.

이렇게 아이가 쉽게 화를 내는 일이 점점 줄어드는 것은 하고 싶은 일을 못하게 되었을 때도 화를 참는 법을 조금씩 배우기 때문이다. 어른이나 또래에게 소리를 지르거나 울기 전에 우선 자신의 바람을 말로 표현하고, 어떻게 해야 원하는 것을 손에 넣을지 생각해보기도 한다. 이는 아이가 인지적, 사회적 능력이 발달하면서 일어나는 변화이며, 또한 무수한 경험과 시행착오를 통해 얻은 지혜이기도 하다. 화를 내며 소리를 질러서 어른들에게 꾸중을 듣고 바라는 것도 얻지 못하는 것보다, 잠시 참고 생각을 하며 말을 해서 좋은 반응이 얻어내는 것이 자신에게 이익이 된다는 것을 경험을 통해 배우게 된다.

그러나 자연스럽게 감정을 조절하는 방법을 배우는 아이가 있는 반면, 유난히 화를 쉽게 내며 과격한 행동을 하고 꾸중을 하거나 벌을 세워도 달라지지 않는 아이도 있다. 나쁜 버릇을 바로잡겠다고 어른이 강하게 통제하고 체벌을 하면, 오히려 어른에게 더 강하게 화를 내고 절대 울음을 그치지 않고 자신의 잘못을 인정하지 않는 경우도 많다. 이제는 마땅히 참을 줄 알아야 하는 나이가 되었는데, 여전히 화부터 내면서 원하는 것을 얻고자 하는 아이는 어디에서부터 바로잡아야 할지 막막하기 마련이다.

이기적인 거인

거인의 성에는 넓고 아름다운 정원이 있었다. 봄이 되면 이 정원에는 예쁜 꽃들이 활짝 피어났고, 가을에는 탐스러운 과일들이 주렁주렁 열렸다. 새들은 나뭇가지 위에서 노래를 불렀다. 이 멋지고 안락한 정원에는 항상 아이들이 찾아와서 즐겁게 놀았다.

어느 날 성의 주인인 거인이 오랜만에 돌아왔다. 그는 자기 성에서 아이들이 뛰어노는 것을 보고 기분이 몹시 나빴다. 자기만의 정원인데 동네 아이들이 마음대로 들어와서 노는 것을 보고 화가 난 것이다. 거인은 대뜸 무섭게 소리를 지르며 아이들을 마구 정원 밖으로 쫓아내버렸다. 그리고 다시는 아이들이 오지 못하도록 정원 주위에 높은 담장을 올렸다. 그때부터 아이들은 거인이 무서워서 성 근처에는 얼씬도 하지 않았다.

시간이 흘러 다시 봄이 되었다. 거인의 성 밖에는 꽃도 피고 새소리도 들리며 따뜻한 봄기운이 가득했다. 그러나 거인의 성 안에는 눈도 녹지 않고 새싹도 나지 않았다. 한겨울처럼 차고 거친 바람이 쌩쌩 불었다. 거인은 왜 자신의 성 안에만 봄이 오지 않는 것인지 이유를 알 수가 없었고, 추운 성 안에서 점점 더 기분이 나빠져서 항상 얼굴을 찡그리고 지냈다. 봄이 오지 않으니 여름도, 가을도 오지 않고 항상 겨울만이 계속될 뿐이었다.

그러던 어느 날, 거인은 오랜만에 들리는 새소리에 놀라 잠에서 깨었다. 얼마만에 들어보는 새소리인지 반가운 마음에 거인은 자기도 모르게 마음이 푸근해졌다. 밖을 내다본 거인은 깜짝 놀랐다. 거인이 높게 올렸던 담장에 생긴 작은 구멍으로 아이들이 살금살금 기어들어오고 있었다. 그런데, 아이들의 손에 닿은 나뭇가지들은 추운 겨울 기운에서 벗어나 아름다운 꽃을 피우기 시작했고, 꽃이 핀 나무에는 새들이 찾아와서 지저귀며 날아다니고 있었다.

거인은 지난날 아이들을 보자마자 화를 내며 내쫓았던 자신의 모습이 떠올랐다. 그리고 그런 자신을 기억하고 다시 찾아와 준 아이들이 정말로 고마웠다. 지금까지 정원은 담장을 높이 쌓고 혼자 독차지하려고 했던 거인의 어리석은 행동처럼 꽁꽁 얼어붙어 있었다. 아름다운 정원이 되려면, 그러한 아름다움을 같이 나누고 기뻐할 줄 아는 넓은 마음이 필요했던 것이다.

"귀여운 아이들아, 이 정원은 너희들것이란다."

거인은 큼지막한 도끼로 울타리를 허물어버렸다. 그 뒤 거인과 아이들은 눈부시게 아름다운 정원에서 매일 함께 어울려 놀았다. 정원은 날이 갈수록 아름답고 탐스러운 꽃들과 과일들로 가득 찼고, 거인의 마음도 더불어 충만해졌다.

✾ 참지 않고 화부터 내면 어떻게 될까?

1. 거인의 정원에는 왜 봄이 오지 않았을까?

거인은 자신의 정원에 아이들이 노는 것을 보고 '내 것을 빼앗겼다'고 생각하고 화가 났다. 화가 난 거인은 자신의 감정대로 우선 소리를 지르며 아이들을 내쫓았다.

결국, 정원의 아름다움도 사라지고 거인 자신의 행복까지 같이 사라져버리고 만 것이다. 바로, 자신의 행동이 어떤 결과를 가져올지 생각하지 않고 감정에 따라 행동했기 때문에 자신과 타인 모두에게 불행한 결과를 가져온 것이다.

2. 거인은 어떻게 잘못을 깨닫게 되었을까?

겨울만 계속되던 정원에 아이들이 오면서 꽃이 피는 것을 보고, 거인은 아이들을 내쫓아서 봄이 사라지고 자신도 불행해졌다는 것을 알게 되었다. 처음에 아이들이 자신의 정원에 있는 것을 보았을 때는 몹시 화가 났지만, 이제는 아이들이 와주어서 고마운 마음이 들었다. 자신의 행동 때문에 놀라고 무서웠을 텐데도 아이들은 겁내거나 비난하지 않고 다시 찾아와주었다. 거인은 아이들의 따뜻한 마음을 느끼고, 자신의 잘못을 깨닫게 되었다. 화내며 상대방을 공격하는 행동보다는 상대방을 감싸주며 손을 내미는 행동이 모두에게 더 좋은 결과를 만들어준 것이다.

3. 거인은 잘못을 저지르지 않을 수 있었을까?

처음에 거인이 자신의 정원에 아이들이 있어서 놀랐겠지만, 무조건 화만 내지 말고 어떻게 하면 좋을지 한 번 생각해봤다면 어땠을까? 그래도 아이들을 내쫓고 담을 쌓았을까?

거인은 아이들을 내쫓았다고 자신의 정원이 겨울만 계속될 줄은 미처 몰랐다. 그것은 누구라도 미리 알 수 없었을 것이다. 자신의 화난 행동이 어떤 결과를 일으킬지 미리 정확히 예측할 수는 없다. 하지만 생각없이 화난 감정대로 행동하면 자신이나 상대방 모두에게 바람직한 결과가 오지 못하게 될 것은 당연하다. 만일, 거인이 자신의 정원에 아이들이 있어서 좋은 점이 있지 않을까 한 번 생각했다면 다르게 행동할 수 있었을 것이다. 혹은 아이들이 자신의 정원에 있는 것이 싫지만 아이들이 놀고 싶어 한다면, 아이들이 정원에서 놀면서 지켜야 할 것을 말하고 다 같이 잘 지낼 수 있는 방법을 의논해볼 수도 있다. 거인이 아이들과 정원에서 놀다 보면, 처음에는 싫더라도 점점 더 좋은 점을 알게 되었을 것이다. 실제로 거인은 나중에 아이들이 정원에 다시 찾아왔을 때

반가웠고, 함께 계속 놀아서 더 행복해졌다. 이렇게 처음에는 울컥 화가 났던 일도 잘 생각해보고 좀더 시간을 갖다 보면 화낼 일이 아니었다는 것을 알게 되는 경우가 많다.

황금알을 낳는 거위

어떤 사나이가 황금알을 낳는 거위를 한 마리 가지고 있었다. 그 거위는 매일 아침마다 황금알을 한 개씩 낳아서 사나이를 기쁘게 해주었다. 황금알을 매일 한 개씩 얻던 사나이는 문득 거위 배에 황금알이 가득 들어 있을 것이라는 생각을 하게 되었다. 이렇게 매일매일 한 개씩 황금알을 받는 것보다는 한꺼번에 황금알을 모두 갖게 되면 순간에 큰 돈을 벌 수 있을 것 같았다. 사나이는 거위를 잡아 배를 갈라버렸다. 그러나 거위의 배 속은 여느 거위나 다를 바가 없었다. 보통의 다른 거위들처럼 황금알을 낳는 거위도 매일 알을 한 개씩 만들어서 낳고 있었던 것이다. 거위를 잡아 떼돈을 만져보려던 사나이는 매일 받던 황금알 선물을 더 이상 받지 못하였고, 인내심 없고 욕심많은 사나이때문에 소중한 선물을 주던 거위만 죽음을 당했다.

4. 사나이는 왜 거위를 죽이게 되었을까?

사나이는 거위의 배 속에 황금알이 잔뜩 들어있을 것이라고 마음대로 생각하고, 자기 생각이 맞는지 더 이상 고민해보지도 않고 거위를 죽여버렸다. 사나이는 거위가 알을 하루에 한 개씩 낳는 것을 모르지 않았지만, 황금알을 갖고 싶다는 마음이 너무 앞서서 당연한 사실을 잊어버리고 만 것이다. 이렇게 인내심을 잃고 기다리지 못하고 당장 가지려고 하면, 그릇된 생각과 판단을 하여 자신과 타인 모두에게 손해가 되거나 상처를 주는 행동을 할 수 있다.

동화에 나오는 거인과 사나이는 모두 기분이 나빠지거나 무엇을 얻고 싶을 때 깊이 생각하지 않고 다른 사람에게 화를 내고 함부로 행동하였다. 이런 행동으로 인해 다른 사람들과 잘 지내지 못하게 되거나 자신이 원하는 것을 결국 얻지 못하게 되어, 그 누구보다도 자신이 가장 손해를 보았다. 이렇듯 화난 마음, 속상한 감정을 잘 다스리는 것은 다른 사람과 잘 지내고 바라는 일을 이루기 위해 꼭 필요한 능력이다.

✿ 우리 아이, 왜 화내고 짜증을 낼까요?

1. 감정과 행동을 조절하는 능력의 발달

화난 마음, 속상한 감정을 잘 조절하고 이를 적절하게 표현하며 바람직한 행동을 하는 능력은 나이가 들면서 점점 발달해간다. 어린아이에게는 아직 감정과 행동을 잘 다스리는 능력이 충분히 발달하지 못하였으므로, 연령에 맞는 행동을 기대하고 칭찬해주어야 할 것이다. 긍정적인 경험이 쌓이면서 아이들은 감정과 행동을 적절하게 표현하는 능력을 키워가게 된다.

✓ 18~36개월 아동

이 시기는 자율성이 발달하기 시작하는 때이다. 아이들은 자신에 대한 주체성을 획득하면서 자신의 뜻대로 하겠다는 고집을 부리기 시작한다. 그러나 아직 아이가 스스로 할 수 있는 일은 많지 않으므로, 어른들은 아이가 하고 싶은 대로 내버려둘 수는 없다. 그래서 아이는 부모의 말을 듣지 않고 우기거나 떼를 쓰고 "싫어", "안 해"라는 식의 부정적인 말을 많이 하며 때리고 화를 내는 공격적인 행동도 하게 된다. 이런 행동은 아이들이 자신의 욕구를 만족시키기 위해 적극적으로 시도하고 자아를 온전하게 발달시키려는 노력으로 볼 수 있다. 이 시기에 자발적으로 자신의 행동을 통제하려는 시도는 잘 할 줄 모른다. 그러므로 부모는 아이의 행동을 통제하고 공격적인 충동을 억제하는 능력을 키워주는 양육을 해야 한다. 아이의 자율성 욕구를 억제시키는 것이 아니라 자기의 뜻을 건강하게 표현하고 성취하는 능력을 키워주어야 하는 것이다. 즉, 아이의 자율성을 격려하고 지지하는 동시에 자율성의 한계와 제한점도 가르쳐준다.

✓ 만 3~6세 아동

만 3세까지는 이전에 시작된 반항적이고 고집부리는 행동이 지속된다. 그러나 4~5세가 되면 자아가 수립되면서 타인을 배려하는 마음이 생기고, 나이가 든 만큼 실제로 스스로 해낼 수 있는 일도 많아진다. 이 시기의 중요한 특징은 아이가 '마음'이라는 추상적인 개념에 대해 이해하기 시작한다는 점이다. 이제 아이는 사람들이 어떤 '마음'을 지니느냐에 따라 그 사람의 '행동'이 달라진다는 것을 깨닫게 된다. 즉 겉으로만 보이는 행동이 사실은 마음에서 비롯된다는 걸 알게 되면서 다른 사람의 마음을 헤아릴 줄 알게 된다.

또한 이 시기에는 양심이나 죄책감에 대한 개념을 갖게 된다. 그러므로 자신의 욕구 충족을 위해 무조건 화를 내면서 공격적인 행동을 보이는 성향이 이전보다 많이 줄어들며, 자신이나 타인의 행동에 대한 보다 깊이있는 이해와 공감이 가능해진다.

이 시기에 부모는 아이에게 먼저 이해심 있고 배려하는 행동을 보여주는 것이 중요하다. 그리고 사람들의 행동이나 마음에 대해 이해할 수 있도록 간결하게 설명해주고, 감정적으로 화가 나더라도 이를 행동이 아니라 말로 표현하도록 도와준다.

✓ 학령기 아동

초등학교에 입학하면서 아이는 다른 사람의 입장을 이해하거나 심사숙고하는 능력이 발달하기 시작한다. 10세 이하의 아이들은 아직 객관적인 방식으로 상황을 이해하는 능력에 한계가 있지만, 입장을 바꿔 생각해보는 훈련을 통해 이런 능력이 향상될 수 있다.

인지적인 능력이 발달하면서 학령기 아동은 행동을 하기 전에 우선 그 행동이 적절한지 생각해보고 그 행동의 결과를 예상해보는 것이 가능해진다. 또한 인내심을 발휘하여 나중에 더 큰 만족감을 얻기 위해 즉각적인 욕구 충족을 잠시 보류할 수 있다. 그러므로 충동적으로 화를 내거나 소리를 지르는 식의 행동이 현저하게 줄어들며 그런 행동이 적절하지 않다는 것도 안다.

이 시기 아이들은 자신의 행동을 스스로 평가할 줄 알게 되고 남의 눈도 의식하기 시작한다. 아동 자신의 행동 평가에 가장 큰 영향을 주는 것은 바로 '자아존중감'이다. 자아존중감이란 스스로 가치있고 긍정적인 존재라고 생각하는 감정을 뜻한다. 아이는 스스로에 대한 느낌과 자신에 대한 타인의 반응에 기초하여, 자신이 괜찮은 존재, 가치있는 존재인지, 혹은 쓸모없고 인정받지 못하는 존재인지 판단을 내리게 된다. 아이가 건강하고 긍정적인 자아상을 가지고 있다면, 타인과의 관계에서 긍정적인 감정을 주로 가지고 행동을 잘 통제하게 되어 바람직한 방식으로 대응할 수 있게 된다. 그러나 부정적인 자아존중감을 가지고 있는 아이는 타인과의 관계에서 부정적인 느낌을 주로 갖게 되며 자신이 수용되고 존중받지 못한다는 생각이 많아 자신의 행동을 적절하게 통제하거나 조절하지 못하고 쉽게 화를 내며 주로 상대방을 탓한다. 즉, 심사숙고하거나 긍정적인 단서를 찾으려 애쓰기보다는 우선 상황을 부정적인 방향으로 판단하여 억울하고 속상한 기분에 압도되어 상대방에게 화를 내게 된다. 자아존중감은 아이의 행동 방향을 결정짓는 데 중요한 역할을 한다.

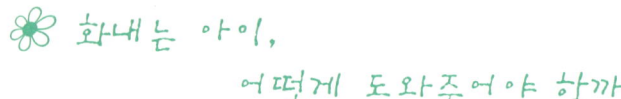

화내는 아이,
어떻게 도와주어야 할까요?

아이가 감정과 행동을 적절하게 소설하며, 충동적이고 부정적인 행동 대신 침착하고 사려깊은 행동을 할 수 있도록 도와주는 방법은 무엇일까?

1. 아이의 화내는 행동에 숨어있는 이유를 헤아리자

아이가 화부터 내는 이유는 아이마다 다를 것이다. 어려서부터 큰소리를 내거나 울면서 떼를 써야 바라는 것을 얻을 수 있었던 아이들은 자신의 불만이나 바람을 알리기 위해 계속 부정적이고 강한 표현을 사용하게 된다. 집안에서 어른들이 화를 내는 모습을 많이 보았다면 아이도 쉽게 그런 행동을 배운다. 화를 내는 방법 이외에 다른 방법을 모르는 아이는 화내는 것이 좋지 않다는 것을 알더라도 다른 방법을 몰라 계속 화내는 방법으로 자신을 표현한다. 또한 자아존중감이 낮고 자신감이 부족한 아이는 부정적인 감정에 쉽게 휩싸이며 이를 잘 통제하지 못한다.

아이가 화내며 감정과 행동을 조절하지 못하는 이유가 무엇인지 알기 위해서는 아이의 말에 귀를 기울여야 한다. 그리고 아이가 지금까지 어떤 환경에서 어떤 경험을 많이 하고 자랐는지 차근차근 되돌아볼 필요가 있다. 이러한 과정을 통해 부모가 아이의 행동 이면의 마음을 읽을 수 있다면, 아이의 행동을 바로잡기 위해 어디서부터 시작해야 할지 판단할 수 있을 것이다.

2. 긍정적인 행동에 대해 충분한 칭찬을 해주자

화를 잘 내는 아이들은 꾸중을 많이 듣게 된다. 그래서 부모도 아이도 모두 꾸중을 하고 듣는 일이 마치 습관처럼 되어버린다. 이렇게 가정에서 서로 부정적인 상호작용을 주고받게 되면 아이들은 변하기 힘들다. 아이는 언제나처럼 화를 내고 부모님이 꾸중할 것을 예상하며, 예상대로 부모도 화내고 처벌을 하거나 아이의 억지에 못 이겨 어쩔 수 없이 아이의 주장을 들어주게 되는 방식이 반복되기 때문이다. 부모와 아이간의 이러한 상호작용은 부정적인 행동의 강도를 더욱 높이고, 아이와 부모는 서로 화를 내고 소리지르는 것이 버릇이 된다.

이러한 악순환의 고리를 끊기 위해서는 부정적인 상호작용 대신 수용적이고 긍정적인 상호작용이 많아져야 한다. 아이의 잘못을 지적하고 처벌하는 것보다 아이의 올바른 행동에 대해 더 많이 칭찬해주자. 아이가 화를 내지 않고 의사표현을 하거나 부모 말을 잘 들을 때마다 적극적이고 분명하게 칭찬을 해준다. 이런 행동을 늘이기 위해 스티커를 주는 식의 보상 방법을 활용할 수도 있다. 어떤 행동에 대해 칭찬을 한 것인지 부모가 설명하며 짚어주고, 어떻게 행동하는 것이 바람직한 것인지를 자연스럽게 강조해준다. 이런 경험을 통해 아이는 '나도 잘할 수 있다', '나도 인정받을 수 있다'는 자신감을 가지면서 자신의 행동에 대한 통제 능력을 키우게 된다.

3. 규칙을 깨닫게 하기 위해서 단호한 태도로 말해주자

아이가 소리를 지르고 화를 내면 대부분의 경우 부모님은 심한 스트레스를 느끼게 되기 때문에, 이를 피하고자 마지못해 아이의 요구를 들어주는 경우가 많다. 화내는 방법으로 적절한 보상을 받은 아이는 비슷한 상황에서 마찬가지 방법으로 욕구 충족을 시도하게 된다. 이에 대해 부모가 어떨 때는 받아주고 어떨 때는 야단치는 등 일관성이 없다면, 아이는 무조건 강하게 졸라대면 더 큰 효과가 있다고 느끼기 쉽다. 그러므로 아이가 상황에 맞지 않고 허용할 수 없는 요구를 한다면, 왜 안 되는지 설명한 후에 단호하고 분명한 태도로 '안 된다'는 부모의 뜻을 전달하고 쉽게 태도를 바꾸어서는 안 된다.

부모가 아이를 윽박지르거나 인격을 존중하지 않는 태도는 옳지 않지만, 부모는 아이에게 권위있고 인정받는 대상이어야 한다. 부모의 규칙이 납득할 만하다면 아이는 부모의 뜻에 따르는 것을 배울 필요가 있다. 특히 떼쓰고 화를 내는 아이가 행동을 조절하는 방법을 익히는데 있어서 부모의 단호하고 일관적인 태도는 매우 중요하다. "그렇게 소리를 지르고 떼를 쓰면 어떤 것도 해줄 수가 없다."라고 단호하게 표현하여, 화내고 떼를 쓰는 방법으로는 원하는 바를 이룰 수 없다는 것을 분명히 깨닫게 한다.

4. 흥분이 가라앉지 않는다면 타임아웃 시간을 가져보자

아이가 분노와 좌절감으로 심하게 흥분되어 진정되지 않는 상황에서는 부모의 말을 제대로 듣고 이해하기 어려울 것이다. 그런 경우 우선 아이가 자신의 마음을 진정시킬 수 있는 기회를 주는 것도 필요하다. 거실의 조용한 구석이라든지 번잡하지 않는 공간에 아이를 잠시 앉혀둔 후, 부모는 거리를 좀 두고 아이의 행동을 잠시 무시하자. 이때 부모는 아이가 눈치채지 않게 아이의 행동을 관찰하며, 아이가 소리를 지르며 계속 화를 내도 이에 대꾸하거나 말다툼하지 말고 무시한다. 처음에는 더욱 큰 소리로 화를 내거나 자리를 이탈하기도 하지만, 말보다 행동으로 아이를 제 자리로 보내고 진정되기 전에는 자리를 떠나지 못하도록 한다. 타임아웃 방법을 사용하기 전에 아이와 장소를 미리 정해놓는 것이 좋으며,

어떤 행동을 했을 때 타임아웃을 받게 되는지에 대해 구체적이고 정확하게 약속을 해놓도록 한다. 예컨대, '엄마, 아빠에게 소리 지르고 신경질을 낼 때'라는 식으로 정해놓아서 자신의 어떤 행동 때문에 구석으로 보내졌는지 인식할 수 있도록 한다. 약속을 미리 하고 경고를 한 후에 타임아웃이 시행되어야 아이도 더 쉽게 마음을 진정시킬 수 있다.

5. 화난 감정이나 욕구를 말로 표현하는 방법을 가르치자

아이가 바라는 것을 떼쓰는 행동보다는 적절한 말로 표현하도록 도와주어야 한다. 아이가 부모에게 바라는 것이 무엇인지, 왜 바라는 것인지를 전달하기 위해서는 대화가 중요하다. 부모는 아이의 말과 행동에 항상 귀를 기울임으로써 아이가 전달하고자 하는 것을 들을 준비가 되어 있다는 것을 알려주자. 아이가 부정적인 감정이나 마음의 상처를 억누르지 않고 부모에게 표현해도 괜찮다는 것을 느끼게 하자. 이는 부모가 자신의 말을 진지하게 들어준다는 믿음이 생길 때 가능하다.

6. 아이가 화낼 것이 예상되는 상황에 미리 대처하자

아이들은 자신이 특히 중요하게 생각했거나 기대하고 있던 일이 생각대로 이루어지지 않으면 어른들의 예상보다 더 심하게 화를 낼 수 있다. 우리 아이에게 특별히 중요한 일이 무엇인지, 우리 아이가 바라고 있는 것은 무엇인지 부모가 미리 정확하게 알고 있을수록 아이의 화나 떼쓰기에 대처하기가 더 쉽다. 어떤 장소나 모임, 만나는 사람에 따라 아이의 반응은 달라질 수 있다. 소리 지르고 화내는 행동을 하면 아이도 몸이 지치고 심리적인 괴로움이 커진다. 그러므로 아이와 부모 모두 화를 조절하여 잘 넘길 수 있도록 미리 대책을 강구하고, 부정적인 감정을 다룰 수 있는 방법을 마련해놓자.

예컨대, 아이가 문구점에 가면 항상 물건을 사달라고 심하게 졸라서 결국 야단을 치게 되는 경우가 많다면, 문구점 앞을 지나게 될 경우 집에서 출발 전에 미리 '문구점에 갈 것인지, 사야 할 것이 있는지, 사러 들어가야 한다면 어떤 것을 살 것인지' 등에 대해 미리 합의를 하는 것이 좋다. 혹시 문구점을 들어가지 않기로 했다면, 대신 집에 있는 인형이나 좋아하는 물건을 손에 들고 나가서 만지고 보면서 충동성을 조절하는 데 도움을 받을 수도 있다. 아이와 부모가 함께 이러한 방법들을 다양하게 사용해보면, 아이가 자발적으로 감정을 통제하는 구체적인 방법들을 더 많이 배울 수 있다.

7. 남을 배려하고 상대방의 입장을 이해하도록 하자

아이들이 자신의 욕구에만 초점을 두고 상대방의 입장은 고려하지 않을 때 더욱 막무가내로 화를 내게 된다. 자신의 욕구 충족을 위해 상대방이 큰 불편을 겪게 되거나 상대방과의 타협이 필요한 상황에서도 끊임없이 자기가 바라는 것만을 주장하는 것이다. 내가 원하는 것이 중요한 만큼 다른 사람의 입장도 중요하다고 가르치자.

우선 평소에 일상생활에서 나의 입장이 아니라 상대방의 입장에서 생각하는 기회를 갖도록 해본다. 상대방은 어떻게 느꼈을지, 상대방이 원하는 것은 무엇이었을지 이해하게 되면, 무조건 화를 내는 행동을 조절하는 데 도움이 될 것이다. 그러나 아이들이 상대방의 입장을 이해할 수 있기 위해서는 자기가 원하는 것을 남들이 인정해주었던 경험을 미리 해야 한다. 자신의 마음이 타인에게 받아들여졌던 것처럼, 자신도 타인의 입장을 이해하려고 노력하게 되는 것이다.

8. 아동의 자아존중감을 높여주자

아이들은 정서적으로 불안정하고 자존감이 낮을 때, 화내고 떼쓰며 고집 피우는 일이 더 많다. 아이들이 스스로 자신의 존재를

무가치하게 생각하고, '쓸모없는 사람'이나 '뭔가 부족한 사람'이라고 느낀다면, 다른 사람들이 자신의 욕구에 관심을 보이거나 바라는 것을 들어줄 것이라는 믿음을 가지지 못한다. 그러므로 제대로 요구해보기도 전에 이미 안 될 것이라고 느끼고 필요 이상으로 화를 낼 수도 있다. 아이가 자존감이 낮다면, 아이의 행동이나 습관을 교정하기 위한 활동 이전에 자아존중감을 높이고 회복시키는 것이 먼저이다. 아이가 얼마나 중요한 존재인지 부모의 눈을 통해 느끼고 자각할 수 있도록 지속적으로 관심을 보이자.

9. 체벌로 다스리는 것은 효과가 없다

부모는 아이의 문제 행동를 바로잡기 위해 때로 매를 들어야 한다고 생각하기 쉬우며, 처음에는 말보다 체벌이 아이의 화내고 신경질을 내는 행동을 줄이는데 효과가 있는 것처럼 보이기도 한다. 그러나 아이들이 체벌을 지나치게 받는다면 자신들이 바라는 것을 얻을 때도 과격한 방법을 사용해야 한다고 생각하기 쉽다. 쉽게 화를 내는 아이일수록 자신의 분노나 공격적인 에너지를 잘 다스리고 긍정적으로 사용하는 방법을 익혀야 한다. 하지만 부모의 체벌은 아이에게 목적을 위해 공격적인 행동을 직접 사용하는 시범을 보여주는 결과가 된다.

또한 아이들은 부모에게 맞았을 때 그 이유가 무엇인지 자신의 행동과 연관시켜서 생각하지 못하는 경우가 많다. 대신 부모에게 맞으면서 부모에게 무시와 멸시를 받았다는 느낌, 자신이 아주 하찮은 존재라는 느낌을 경험하기 쉽다. 즉, 체벌은 자아존중감에 상처를 주게 된다.

 이런 활동 어때요?

1. 동화 주인공의 마음 이해해보기

화내고 싸우는 주인공의 이야기가 있는 동화책을 선택하여 같이 읽고, 주인공의 입장이 되어본다. 그리고 주인공의 감정에 공감하고 상대를 이해해보는 경험을 갖는다.

1) 부모와 아이가 같이 큰 소리로 동화책을 읽는다.
2) 아이에게 갈등 상황을 설명해보도록 한다.
3) 주인공은 어떤 생각을 하고 어떤 느낌이 들었을지 이야기해본다.
4) 아이와 부모도 그런 경험을 한 적이 있는지 말해본다.
5) 활동을 회상하면서 동화책 내용을 그림으로 그려보거나 연극

을 하듯이 역할 놀이를 해볼 수도 있다.

2. 화난 감정 이야기하기

부모와 아이가 함께 이전에 화가 났을 때 상황을 이야기하며 그 당시 기분이 어땠는지, 왜 화가 났는지 설명하며 이해해본다. 화가 난 상태에서는 상황을 객관적으로 보거나 상대에게 설명해주기 어렵다. 그러므로 화가 나 있지 않을 때, 과거의 화났던 상황을 떠올려보면서 그 당시를 좀더 객관적으로 살펴보는 경험을 해본다. 그런 경험을 통해 아이와 부모 모두 자신이 어떤 경우에 쉽게 화가 나는지, 화가 났던 진짜 이유는 무엇인지 스스로 이해할 수 있고 상대방의 감정이나 입장을 생각해보는 기회도 될 수 있다.

자신이 화난 경험을 회상할 때 반드시 부모와 부딪쳤던 상황을 이야기할 필요는 없다. 친구에게 혹은 다른 사람에게 화났을 때를 이야기하는 것도 좋다. 부모와의 갈등 상황을 떠올리다가 다시 화난 감정이 되살아나서 서로를 비난하거나 질책하지 않도록 부모가 각별히 조심해야 한다. 부모는 화난 감정은 잘못된 것이 아니며, 어떤 상황에서 상처를 받는 것은 그 사람 개인이 가장 잘 이해하고 판단할 문제라는 것을 아이에게 말해주도록 한다.

1) 부모와 아이가 마주보고 앉는다.

2) 화났던 일, 쉽게 화나는 일이 무엇인지 대화를 하면서 어른과 아이가 말한 내용을 각각 종이에 기록한다.

3) 기록한 내용을 보면서 왜 화가 났던 것인지 이야기한다.

4) 그 중에서 화낼 만한 일이 아닌 것이 있는지 살펴본다.

5) 화내는 것 말고 더 좋은 대응 방법이 무엇이 있을지 돌아가면서 이야기한다.

6) 다음에 화가 날 때 사용할 만한 방법을 선택해둔다.

3. 기분 알아맞히기

종이에 여러 가지 얼굴 표정을 아이와 부모가 같이 그린다. 그림을 그리기 전에 어떤 표정이 있을지(즐거운 표정, 화난 표정, 놀란 표정, 실망한 표정 등) 먼저 이야기해보고, 부모와 아이가 각자 종이에 크게 그리면서 서로 그린 것에 대해 그럴 듯한지 이야기하고 칭찬해준다.

표정 그림이 완성된 후, 부모가 여러 가지 상황을 제시한다. 예컨대, '우산이 없는데 비가 온다', '옷에 껌이 붙었다', '친구가 모르고 발을 밟았다', '숙제한 공책을 집에 놓고 학교에 갔다'라는 식으로 아이가 금방 이해할 수 있는 일을 말해준다. 그리고 아이는 부모의 이야기를 듣고 어떤 기분이 들지 그림 중에서 찾아보고, 이유를 설명한다. 나중에는 아이가 상황을 직접 제시하고 부모가 기분을 알아맞히는 것도 가능하다. 이 활동을 통해 아이는 사람의 기분을 생각해보는 기회를 가지며, 어떤 일이 일어났을 때 기분이 변화하며 기분이 행동에 영향을 끼친다는 것을 느낄 수 있다.

4. 나의 장점 생각해보기

자신에 대한 긍정적인 생각을 갖기 위해 장점을 생각하고 기록해보는 시간을 갖는다. 이때 부모는 성취나 수행의 결과에 중점을 두기보다 아이가 좋아하고 즐거워하는 일과 관련해서 장점을 찾도록 한다.

1) 전지에 아이를 눕히고 전신을 그린다.
2) 전신 그림을 보며 각 신체 부위와 관련된 장점을 이야기한다. 예컨대, 다리 부분을 짚으면서 "우리 ○○는 높은 곳에도 잘 올라간다."라고 말할 수 있다.
3) 아이와 같이 그림을 더 멋지게 장식한다.
4) 거실이나 아이 방에 그림을 붙인다.

부록 Ⅲ.

♡ 이런 경우, 전문가의 도움을 받아보세요!

✓ 행동 통제가 어렵고 충동적인 우리 아이, 혹시 주의력결핍 및 과잉행동장애(Attention-Deficit/ Hyperactivity Disorder, ADHD)를 가진 것은 아닐까?

ADHD는 최근 들어 널리 알려져 누구나 한번쯤 들어본 용어일 것이다. 일반 초등학교 학급에서도 '저 아이 ADHD 아냐?'라고 생각될 정도로 과도하게 산만한 아이들이 종종 보일 것이다. 그러나 아이들이 산만할 수도 있지 이를 장애라고 명칭 지어 괜한 호들갑을 떠는 것이 아닐까 생각되기도 한다. 설마 한 반에 여러 명이 보일 정도로 정신장애가 흔할 수 있을까 생각되지만 기존 연구들에 따르면 전체 소아 중 3~8% 정도가 ADHD 아동으로 추정될 정도로 ADHD는 학령 기 및 학령기 아동들에게서 가장 일반적으로 나타나는 장애이다. 뿐만 아니라 ADHD는 아동의 정상적인 학

교생활 및 또래관계, 가정생활에 큰 문제를 초래하는 장애
이다. 때문에 아이가 부주의하여 그런 것이니 '주의를 주면
나아지겠지'라고 생각하며 불필요한 꾸중으로 우리 아이를
힘들게 하는 것은 아닌지 확인할 필요가 있다.

  ADHD는 지속적인 주의력 결핍(inattention)과 과잉행동
(hyperactivity), 충동성(impulsivity)등의 증상을 보이며, 여
아보다 남아에게서 더 많이 발견되고 대체로 학령기에 접
어들며 발견된다. 그 원인에 대해서는 여러 가지 가설이 제
기되고 있으나 최근에는 신경·화학물질 대사의 이상으로
보는 견해가 가장 주된 입장이며, 이 외에 해부학적, 유전
적, 환경적 요인들이 상호작용하는 복잡한 특성을 보이고
있다. ADHD 아동의 경우 ADHD뿐만 아니라 우울증, 품행
장애, 틱장애, 수면장애, 양극성장애 등을 함께 동반하고 있
을 수 있기 때문에 ADHD가 의심된다면 되도록 빠른 전문
적인 개입이 필요하다.

  우리 아이가 ADHD인지 아닌지를 어떻게 확인할 수 있을
까? 발달 과정상 걷고 뛰기 시작하는 4~5세 이하의 어린아
이들은 활동량이 많아지는데 한 가지 활동에 집중하는 능
력은 미처 발달하지 못하기 때문에 ADHD 아동과 일반 아

동이 혼동되기 쉽다. 일반 아이들도 때때로 부주의하거나 산만함, 충동성, 또는 과잉행동을 나타낼 수 있기 때문이다. 하지만 ADHD 아동의 경우 또래 아이들보다 부주의하고 충동적인 행동이 더 빈번하고 심하게 나타난다. ADHD 아동들의 행동 특성은 다음과 같다.

부주의한 행동의 특징 :

ADHD아동들은 일상생활에서 산만한 주변 소음을 차단하고 자신이 하고 있던 활동에 주의를 집중시켜 일을 끝까지 마무리짓기 어렵다. 자신의 방에서 숙제를 하다가 거실에서 동생이 엄마에게 질문하는 소리에 참견을 하고, 길에 지나가는 트럭의 광고 소리에 창문을 열어보느라 숙제를 하고 있었다는 사실을 잊어버리기도 한다. 심지어는 게임을 하거나 놀면서도 친구의 행동에 참견하느라 자신의 놀이에 계속적으로 집중하지 못한다. 이러한 행동 특성은 학교에서도 동일하게 나타난다. 운동장에서 체육수업하는 다른 반을 구경하거나 옆 친구에게 장난을 거느라 선생님 수업을 방해하기 일쑤이며 선생님이 지적을 하는 순간에도 주의해서 듣지 못한다. '다음 중 토끼에 대한 설명이 아닌 것은 무엇일까요?'와 같이 끝에 부정문으로 나오는 문제를 끝까지 읽지 못하고 틀리기 쉽다. 과제나 준비물도 잘 챙기지 못하며 아무리 혼이 나도 고쳐지지 않기 때문에 산만하다고 지적받을 뿐 아니라 반항적인 아이로 오해받기 쉽다.

부주의함으로 인해 일을 끝까지 마무리짓지 못하는 경우가 대부분이며 주어진 일을 처리하는 과정도 신중하지 못하고 무질서하다. 때문에 오랜 시간 정신적인 노력을 기울여야 하거나 체계적으로 집중하여야 하는 활동을 하기 싫어하고 피하려 하여 전반적인 학업 부진이 나타날 수 있다.

과잉행동의 특징 :

ADHD 아동들은 가만히 앉아 있지 못하고 지나치게 뛰어다니거나 기어오르고 끊임없이 활동하는 것처럼 보인다. 자리에 앉아서도 손이나 발을 꼼지락거리거나 몸을 비틀 때가 많고 허락 없이 자리에서 일어나 돌아다니는 등 쉴 새 없이 움직인다. 엘리베이터가 내려오는 시간을 기다리지 못하고 계단으로 뛰어 올라가거나 벽시계나 난간 등에 기어올라가다 다치는 경우도 많다. 또한 지나치게 수다스러워서 불필요한 말과 질문을 많이 하고 질문에 답변을 해주기도 전에 다른 질문을 한다. 어린아이들의 경우 가구 위로 뛰거나 기어오르며 온 집 안을 뛰어다니고, 유치원에서 앉아서 하는 집단 활동에 참여하는 데 어려움이 있다. 학령기 아동은 앉아 있지 못하고 자주 일어나서 돌아다니며, 흔히 식사 중이나 텔레비전 시청중에 또는 과제 수행 중에 자리에서 일어나서 수다스럽게 말을 많이 하고 조용한 활동중에 지나치게 소란을 피운다.

충동성의 특징 :

흔히 질문이 채 끝나기 전에 성급하게 대답을 하거나 자신의 차례를 기다리지 못하고 끼어들고 간섭하는 모습을 자주 보여준다. 자주 물건을 떨어뜨리고 사람들과 부딪치고 위험한 활동을 해 자주 다치기도 한다. ADHD 아동들은 이 같은 자신의 충동성을 억제하고 통제할 수 없기 때문에 아무리 주의를 주고 혼을 내도 참지 못하고 같은 잘못을 반복하는 경우가 많다. 이 때문에 부모나 선생님으로부터 자주 혼날 뿐 아니라 또래관계에서도 따돌림을 당하기 쉽다.

우리 아이가 매우 활동적인 것인지 혹은 치료가 필요할 만한 장애를 가지고 있는 것인지 확신하기 어렵다면 다음 질문지를 활용해보자. 아래 문항에서 일부가 아니라 대부분(2/3이상)의 내용이 우리 아이에게 해당되고, 6개월 이상 지속되었다고 생각된다면 전문가와 상담을 해보는 것이 좋다.

□ 끊임없이 움직이고 돌아다니며, 가만히 있지 못한다.
□ 지시를 끝까지 듣지 못하고, 마음대로 충동적으로 행동하곤 한다.
□ 한 가지 활동을 계속하지 못하고 자주 이것저것 활동을 옮겨다닌다.
□ 일의 결과를 미리 생각하지 못하고 위험할 수 있는 일도 성급하게 행동으로 옮긴다.
□ 지속해서 주의를 기울이지 못한다. 예컨대 대화를 할 때에도 주제가 쉽게 바뀐다.
□ 아이가 있던 곳은 항상 어지럽고 정리가 안 되어 있다.
□ 자기 물건을 자주 잃어버리고, 어디에 두었는지 기억하지 못한다.
□ 평소에 산만하면서 해야 할 일을 할 때는 즉시 시작하지 못하고 행동이 느리다.

□ 학교에 가거나 집에 올 때 곧장 오가지 못하고 다른 아이들보다 오래 걸린다.

□ 알림장 내용이나 주의사항을 제대로 듣고 적어오지 못한다.

□ 차례를 기다리거나 순서대로 일을 하기 어렵다.

□ 부산하고 말이 많으며, 상대방이 관심이 있는지에 상관없이 지나치게 떠들기도 한다.

□ 잘 참지 못하고 사소한 일에 화를 내거나 과민 반응한다.

내가 한 거야!
내 마음대로 한 거란 말이야!

6

고집이 센 거야, 자기 주장이 강한 거야?
시키는 일은 뭐든지 반대로 하고, 자기 마음대로 안 되면 때와 장소 안 가리고
나뒹구는 미운 네 살, 일곱 살!
우리 아이 고집을 효과적으로 다스리는 9가지 방법.

내가 한 거야!
내 마음대로 한 거란 말이야!

우리 아이는 굉장히 고집이 세고, 울기도 잘 하고 자주 토라져요. 조금만 맘에 안 들어도 아무데서나 악을 쓰며 끝없이 울고 그 자리에 주저앉은 채 꼼짝을 안 해요. 그럴 때는 힘이 얼마나 세지는지 끌고 오기도 힘들어요. 사람들이 지나가며 쳐다봐도 신경도 안 쓰고 떼를 써서 마구 혼을 내야 억지로라도 끌려와요. 하지만 창피한 나머지 혼을 내서 데려오지 못하고 아이가 원하는 것을 들어주고 그 자리를 모면하는 경우가 더 많아요. 그래서인지 밖에만 나가면 아이는 더 제멋대로입니다. 타이르기도 하고 엄하게 꾸짖어도 보지만 아이는 여전해요. 우리 아이 말고 다른 애들도 고집이 세다고 하던데 어린아이들은 원래 그런가요? 시도 때도 없어 막무가내로 고집부리는 우리 아이, 어떻게 해야 할지 알려주세요.

'미운 네 살', '죽이고 싶은 일곱 살'은 보통 4~7세 사이 아이들을 지칭하는 말로 흔하게 사용된다. 어린아이에게 붙이는 애칭으로는 다소 과하다 싶은 생각이 들지만 막상 내 아이가 이 나이가 되면 실감하게 되는 말이다. 원래 고집이 센 편이긴 했지만 이 정도는 아니었는데 하는 생각에 가끔은 '정말 저 녀석이 나를 약 올리려고 이러는 걸까?' 하는 의문이 늘기도 한다.

'옛말 틀린 거 하나도 없다더니'하며 한숨을 쉬고 참아도 보고, 아이와 실랑이를 해보고 혼을 내보아도 고집은 쉽게 꺾이지 않는다. 이럴 땐 화가 머리끝까지 나면서도 내가 능력이 없는 부모가 아닐까, 왜 아이 하나를 통제하지 못하는 것일까 고민하며 자책감에 빠지기도 한다. 안 그래도 심란한데 주변 사람들이 "버릇없다.", "따끔하게 혼이 안 나봐서 그런다." 등 한마디씩 거들 때면 부모의 좌절감은 더할 것이다.

어른이 너무 매정한 것은 아닐까? 어린아이가 고집을 부리고 떼쓸 수도 있지, 다 한때라고 하던데 굳이 무섭게 하고 못하게 해야 하는 것인지, 울며 떼를 쓰는 아이를 보면 금방이라도 숨이 넘어갈 것 같아 화가 나다가도 걱정이 된다. 원하는 것만 들어준다면 바로 천사로 변하는 아이니까 아이를 조용히 시키는 방법도 쉽다. 그리고 요즘은 자기주장을 잘 해야 하는 시대인데 너무 닦달해서 우리 아이만 주눅들게 하는 것은 아닐까 염려될 때도 있다. 때문에 매번 아이가 고집을 꺾을 때까지 싸워야 하는 것인지, 적당히 넘어가줘야 하는 것인지 갈피를 잡기 어렵다.

도대체 왜 우리 아이는 갑자기 고집쟁이가 되어버린 것이고 나는 부모로서 어떻게 해줘야 하는 것인지 궁금해질 때 아이의 발달 과정을 살펴보면 아이의 행동이 이해되고 대응 방법도 찾을 수 있다.

청개구리 이야기

옛날 어느 개울가에 청개구리 소년이 아버지를 일찍 여의고 엄마와 단둘이서 살고 있었다. 엄마는 아들 청개구리를 정성껏 키웠지만 아들 청개구리는 자랄수록 엄마의 말을 안 듣고 엄마가 하라는 건 뭐든지 거꾸로 했다.

"애야, 물에 들어가 목욕 좀 하렴." 엄마가 말하면, "싫어요, 싫어!" 산으로 폴짝 뛰어올라가고, "개굴개굴 개굴개굴…."하고 울어보게 하면 "꼭 그렇게 울어야 해요?"하고는 "굴개굴개 굴개굴개…."하고 거꾸로 울어댔다. 또 깊은 물속은 위험하니 얕은 물가에서 놀라고 하면 아들 청개구리는 무시하고 깊은 물 속까지 들어가 엄마 가슴을 조마조마하게 했다.

엄마는 제멋대로 행동하는 아들을 엄히 꾸짖어 벌을 주기도 하고, 때로는 좋은 말로 타일러보기도 했지만 아들 청개구리는 여전히 제멋대로였다. 결국 엄마는 시름이 쌓여 병을 얻고 말았다. 시름시름 앓던 엄마는 "애야, 내가 죽거든 산에다 묻지 말고, 꼭 개울가에다 묻어다오."라며 일부러 거꾸로 유언을 하고 눈을 감았다. 그런데 아들 청개구리는 그제서야 자신의 행동을 뉘우치고, 엄마의 마지막 말이라도 따르려고 엄마를 개울가에 묻었다.

그 뒤부터 청개구리는 비가 올 때마다 "비가 와서 엄마 무덤이 떠내려가면 어쩌지?" 걱정하며 슬프게 울었다. 그래서 지금도 비 오는 날이면 엄마 무덤이 걱정되어 개굴개굴 우는 청개구리 울음소리가 들린다고 한다.

고집쟁이 꼬마 여동생 - 아버지와 같이 집을 지키며

어느 날 어머니는 시장에 가야 해서 아버지에게 하루만 꼬마 여동생과 같이 집을 지켜달라고 했다. 언니인 나는 다 커서 시장에 따라갈 수 있지만 꼬마 여동생은 시장에 가면 무엇을 사달라고 조르기만 하기 때문에 안 된다고 어머니는 말씀하셨다.

그러나 동생은 떼를 썼다. "나도 갈 테야, 나도 갈 테야!" 동생은 다리를 버둥거리며 큰 소리로 외쳐댔다. 어머니와 아버지가 꼬마 동생을 나무랐지만 동생은 아침밥도 먹으려 하지 않았다.

엄마와 내가 떠나자 아버지는 아주 무서운 얼굴로 "아침밥은 어떻게 했지?" 그러자 동생은 밥알 하나 남기지 않고 다 먹고 "빵 더 주세요." 했다. 그날은 아주 더운 날이라 아버지는 마당에서 일하며 동생을 보기로 했다. 아버지가 옆에 있기 때문에 동생은 꽃밭에 들어가 마구 짓밟지도 않았고 나쁜 짓은 조금도 하지 않았다. 그것을 보고 아버지는 동생에게 "오늘은 참으로 착한 아이구나." 라고 말씀하셨다. 나의 꼬마 여동생은 잔디밭 위에 말없이 앉아서 인형을 가지고 놀고 있었다. 그리고 필요한 것이 있으면 아버지에게 얌전히 부탁을 드렸다. "아빠, 부탁이 있어요. 로지 프림로즈의 상자를 가져다주세요." 그러면 아버지는 일을 중단하고 집 안에 들어가서 동생이 원하는 것을 가져다주고 일을 계속 하셨다. 조금 있다가 동생은 또 "아빠, 나 물 마시고 싶어요." 아빠는 아주 바빴지만 물을 떠다 주었다. 그러나 동생은 자기가 물을 마실 때는 늘 인형 로지 프림로즈에게도 파랑 컵으로 물을 먹였기 때문에 아버지가 물을 떠다주자 물었다. "로지 프림로즈의 물은 어디 있어요?" 화를 잘 내시는 아버지는 마침내 이렇게 말씀하셨다. "로지 프림로즈는 내버려두면 안 되니?" 한참 뒤 동생이 로지 프림로즈 상자를 자기 방에 갖다 놓아달라고 하자 아버지는 진짜 화가 나서 더 심한 말을 하게 되었다. "아니, 또 그 낡은 인형의 시중이냐?" 아버지는 로지 프림로즈를 아예 상자에 넣어 장 맨 위 칸에 올려놓았다.

그 다음부터 동생은 다리를 버둥거리면서 소리치고 떼를 썼기 때문에 지나가던 사람들까지도 무슨 일이 일어났나 싶어서 울타리 너머로 들여다보았다. 나의 여동생은 남이 어떻게 생각하는지 전혀 신경쓰지 않는 고집 센 아이여서 부끄러워하지도 않았다. 아버지도 고집이 센 점에서는 동생과 마찬가지였다. 아버지는 "너, 얌전해 질 때까지 거기 그대로 있어라!"라고 말하고 서재로 들어가버렸다. 고집쟁이 꼬마 여동생은 울고 또 울었다. 마침내 아버지가 창문으로 얼굴을 내밀고 말씀하셨다. "울음을 그치지 못하겠으면 네 방에 들어가!" 그러자 동생은 조용해졌다. 제 방에 갇혀있기는 싫었으니까. 그 뒤 동생은 꼭 한 번 서재를 기웃거렸다. 아버지는 "제발 저리가 있어라."라고 말하고 계속 일을 하다 배가 고파지자 동생을 생각하셨다. 점심시간이 훨씬 지난 4시였기 때문에 동생을 찾았으나 꼬마 여동생은 마당, 창고와 지하실, 집 안그 어디에도 없었다. 아버지는 걱정이 되기 시작하여 슬리퍼를 신은 채 골목과 길로 나가 동생을 찾았다. 아버지가 초조한 얼굴로 길을 왔다갔다할 때 어머니와 내가 버스에서 내렸다.

어머니는 아버지를 보자마자 말씀하셨다. "아빠가 네 동생을 찾으시나 보다." 어머니가 집에 들어가자 아버지는 일이 바빴다는 것과 동생이 떼쓴 일을 말했다. 그러자 어머니는 "그 아이가 없어졌다면 아마 먹을 것이 있는 근처에 있을 거예요. 식량 창고 안을 봤나요?" "암, 찾아보았고 말고." "거기 없다면 나도 몰라요." 어머니가 말씀하셨다. 그때 나에게 좋은 생각이 떠올랐다. "동생은 틀림없이 블레이크 할아버지 가게에 있을 거예요." 나는 블레이크 할아버지의 가게로 뛰어갔다. 동생은 할아버지의 가게에서 달걀과 빵과 치즈를 먹고 가죽 더미 위에서 자고 있었다. 블레이크 할아버지는 동생을 내쫓았다고 우리를 무척 못마땅해하고 있었다. 고집쟁이 꼬마 여동생도 내가 데려오려 하자 "싫어! 블레이크 할아버지와 같이 있는 것이 더 좋아."라며 화를 냈다. 어머니도 화가 나셨다. 어머니는 집에 돌아와 차를 끓여 마시려고 했는데 동생을 찾느라고 그럴 시간이 없었기 때문이다. 나도 화가 났다. 동생만 블레이크 할아버지의 가게에서 즐겁게 지낸 것이 샘이 났기 때문이다.

기뻐한 사람은 아버지뿐이었다. "아, 이제 살았다. 이제 말썽꾸러기 딸에게 정신을 팔지 않고 일을 할 수 있게 되었구나." 그 말을 듣고 동생은 또 엉엉 울었다. 그래서 아버지가 기뻐한 것도 잠깐뿐이었다.

❀ 내 멋대로 할 거야! 날 내버려 둬!

　동화 속 주인공인 청개구리 소년과 고집쟁이 꼬마 여동생은 바로 어릴 적 내 동생, 지금 우리 아이의 모습과 너무나 닮았을 것이다. 대개 만 2살부터 4살 사이에 시작되는 고집은 그 정도에 차이가 있을 뿐 이 시기 아이들의 50~80%에서 나타난다. 시키는 일은 뭐든지 반대로만 하려고 하고, 자기 마음대로 안 되면 창피한 것도 모르고 나뒹굴며 우는 아이. 그러다가도 원하는 것을 얻게 되면 갑자기 언제 울었냐는 듯 벌떡 일어나서 웃으며 말을 잘 듣는다. 막상 아이와 전쟁을 할 각오로 잔뜩 긴장하고 못하게 하면 아무런 저항 없이 지시를 잘 따르기도 한다. 많은 부모들이 고집쟁이 꼬마 여동생에서 벗어나 "아, 이제 살았다."라고 말하는 아버지의 심정이 이해가 갈 것이다.

　이처럼 변화무쌍하고 자기주장이 강한 아이들은 얼핏 보면 제멋대로 고집을 부리는 것 같지만 아이들에게도 나름의 이유가 있다. 때로는 청개구리처럼 단순히 장난삼아 하는 것일 수도 있고, 고집쟁이 꼬마 여동생처럼 자신의 마음을 아버지가 몰라주기 때문에 심통이 난 것일 수도 있다. 마찬가지로 우리 아이들도 자기 마음대로 하려다가 안 되면 화를 내고 마구 떼를 쓰는 행동을 보이면서도 미안하다고 생각하지 않는다. 다른 사람은 모르지만 자신이 옳다고 생각하는 이유가 분명히 있기 때문이다. 그러다 만 5

세가 넘어가면서 고집을 부리고 떼를 쓰는 강도는 비슷하지만 점차 빈도와 시간이 줄어들고, 다른 사람의 마음을 이해하며 후회하거나 미안한 마음을 표현하기도 한다. 이후 언어가 발달하면서 자신의 화난 감정을 말로 충분히 표현할 수 있게 되면 무모한 고집부리기와 떼쓰기는 사라진다.

그러나 나름대로의 이유가 있고 커가는 과정이라고 어린아이의 고집부리기를 무조건 받아주는 것은 옳지 않다. 이 시기부터 아이들은 자신의 기분과 원하는 것들을 말로 적절하게 표현하는 방법과 함께 참는 방법, 타협하는 방법을 배워야 하기 때문이다. 그래야만 이후 성인이 되어서도 자신의 화나 욕구를 조절하고 적절한 방법으로 표현할 수 있게 된다. 이를 위해서는 아이들의 심리적, 발달적 상태를 배우는 것이 도움이 된다. 왜 이런 행동이 나타나는지 부모가 이해를 한다면 미운 네 살에서 일곱 살까지 3년여의 기간 동안 고집쟁이 우리 아이를 잘 다룰 수 있을 것이다.

 우리 아이, 왜 고집을 부릴까요?

1. 자기주장이 발달하는 시기

대략 만 2~3세경부터 아이들은 자율성이 커져 자기주장을 하게 되고 고집이 세져 부모의 지시에 반항하게 된다. 이 시기의 아이들이 자기주장이 강해지는 이유는 발달된 운동능력 때문이다.

이전보다 운동능력이 발달하여 혼자 모든 일을 할 수 있을 것 같은 생각이 들고 스스로 몸을 움직이며 재미를 느낀다. 우리가 자전거를 처음 배울 때는 무서워서 뒤에서 잡아주는 것이 좋지만 어느 정도 탈 수 있게 되면 혼자서 속도를 즐기고 싶어하는 것과 마찬가지이다. 자신의 몸을 마음대로 다룰 수 있게 된 아이들은 반복적으로 연습하고 자신이 스스로 해냈다는 자부심을 갖고 싶어서 혼자 먹고, 입으려 하며 무조건 "싫어!", "내가 할 거야."라는 말을 많이 하게 된다. 미숙한 상태에서 모든 것을 혼자 해내려다 보니 시간이 오래 걸리고 안전하지 못한 경우도 있기 때문에 아이가 혼자 하도록 기다려주지 못하고 부모가 대신 해주는 경우가 많다. 이때 아이들은 수치심을 느끼며 자기 능력을 의심하게 되고, 자신이 할 수 있다는 것을 확인하기 위해 계속적으로 고집을 부리게 된다.

아이들은 언어 표현 능력이 아직 미숙하여 자신이 원하는 만큼 말로 표현할 수 없기 때문에 자기 자신을 주장하거나 자율성을 표현하는 방법으로 떼를 쓰거나 공격적인 행동을 하게 된다. 이와 함께 충동성을 조절하는 능력이 부족하고 남의 입장을 헤아리는 데에도 한계가 있어서 왜 안 되냐고 말꼬리를 잡고 늘어지며 길바닥에 누워 발버둥을 치며 울고 누군가를 때리고 발길질하고 물건을 던지는 등 과격하며 주변 사람의 시선을 고려하지 않는 행동이 흔하게 나타나게 되는 것이다. 이런 행동들은 자신의 힘을 과시하고 확인하고자 하는 이유와 함께 피곤하거나 흥분했을 때 자주 나타난다.

막무가내로 고집부리고 떼를 쓰는 행동은 대부분 나이를 먹고 부모의 적절한 훈육을 받으면 사라진다. 하지만 적절한 조취를 취하지 않는다면 자신이 원하는 데로 되지 않을 때마다 과도하게 화를 내고 때려부수는 등의 폭력적인 행동을 하게 되는 '분노발작(temper tantrum)'이 성인기까지 지속될 수 있다.

2. 욕구충족이 안 되거나 지연될 때
좌절감을 심하게 느끼는 시기

아기 때는 먹고 싶고 싸고 싶을 때 즉각적으로 욕구를 해소하고 마음대로 행동했지만 점차 나이가 들면서 대소변을 참는 훈련을 하고 많은 활동과 욕구를 제한받게 된다. 높은 곳에 올라가면 안 된다고 혼나고, 놀이터에 나가고 싶어도 마음대로 나갈 수가 없고, 엄마가 동생 대신 나를 챙겨줬으면 하지만 실제로는 원하는 것이 이루어지지 않을 때가 더 많다. 이러한 변화에 아이들은 실망감과 좌절감을 느끼고 고집을 부리거나 막무가내로 떼를 쓰기 쉽다. 부모들은 잠시 후에 해준다고 약속하지만 아이들은 이를 쉽게 받아들이지 못한다. 자기가 원하는 것을 참고 기다리는 '인내심'이 부족하기 때문이다. '인내심'을 전문용어로 말하면 욕구 충족을 지연시키는 능력이다. 이 능력은 학습의 범주에 속하므로 적어도 만 5~6세가 되어야 사용 가능하기 때문에 아직 학교에 다니지 않은 아이들에게는 참고 기다리는 것이 대단히 어려운 일이다.

이이들이 느끼는 좌절감은 욕구 충족의 지연뿐 아니라 실패에서 더욱 크다. 혼자 걷고 입을 수 있게 되면 아이들은 매번 새로운 일에 도전하게 된다. 새로운 활동에 대한 도전은 아이들이 생활에 필요한 기초 능력들을 배우고 발달시켜가기 위해 꼭 필요한 것이다. 그러나 이런 도전은 실패를 거듭하며 반복 연습해야 하는 경우가 대부분이다. 그때마다 아이들은 자신이 잘 못한다는 사실을 깨닫고 실망하게 되며 인내심은 한계에 다다른다. '미운 네 살'의 행동은 바로 이러한 좌절감이 폭발하여 행동으로 나타난 것이다.

3. 감정 표현의 한계

이 시기의 아이들은 내 마음대로, 내가 원하는 대로 뭐든지 할 수 있다고 생각하는 편이다. 그러나 실제로는 자기 마음대로 할 수 있는 것이 너무도 적다. 그러다 보니 못하는 것이 너무 많아 스스로에게 화가 많이 나지만 자신의 한계를 받아들이기는 쉽지 않다. 때문에 쌓이고 쌓인 짜증과 화가 사소한 것을 계기로 폭발하여 부모가 보기에는 별 것 아닌 일에 아이가 고집을 부리고 떼를 쓰는 것 같다. 또한 아이들은 아직 자신의 감정을 정확히 알지 못하기 때문에 감정을 조절한다든가 적절하게 표현할 수도 없다. 특히 언어발달이 감정 표현을 위한 필수적인 요소이므로 언어발달이 완성될 때 까지는 감정을 말로 하기보다는 보다 손쉬운 극단적인 행동을 택하게 된다. 때로는 사건과 감정 표현이 시간차를 두고 나타나기도 하기 때문에 아이의 고집부리기가 뜬금없다는 생각이 들고 이해하기 어려운 것이다.

4. 문제 해결방식으로 활용

아이가 고집을 부릴 때 이를 적절하게 다루지 못한다면 아이들은 '고집부리고 떼쓰면 내가 원하는 것을 얻을 수 있다.'는 것을 배우게 된다. 결과적으로 부모나 주위 환경을 조종하는 방법으로 고집부리기가 시작된다. 때문에 부모와 아이는 사소한 일에서도 힘겨루기를 할 수 밖에 없다. 아이는 부모의 지시를 따르지 않으려고 최대한 버티고 부모는 그런 아이를 다그치게 된다. 아이와 힘겨루기를 하게 된다면 과연 누가 이기겠는가? 물론 아이다. 아이가 즉각 부모의 지시를 따르지 않으면 부모는 2차, 3차 경고를 하게 된다. 그러나 이런 경고는 아이들에게 아무런 소용이 없다. 아이들은 자신이 듣고 싶은 말만 들으려는 경향이 있기 때문에 부모의 경고를 한귀로 듣고 한귀로 흘려버리기 일쑤이다. 그럴수록 부모의 목소리는 점점 커지고 날카로워질 것이다. 서서히 짜증이 나기 시작한 부모는 빨리 아이의 고집을 꺾기 위해 위협을 하게 된다. "너 계속 울면 여기 버리고 간다.", "마음대로 해! 그럼 다신 밥 못 먹을 줄 알아."와 같이 극단적이고 실현불가능한 위협은 그 순간 겁을 주어 고집을 꺾으려는 것이지 실제로 실행할 생각은 없다는 사실을 아이는 재빠르게 눈치챈다. 이 같은 효과없는 말다툼 시간은 오히려 아이들이 자신이 하기 싫은 일을 지연시킬 수 있는 시간으로 제공된다.

이전의 경험을 통해 이런 상황에 노련해진 아이들은 자신이 끝까지 버틴다면 자신이 원하는 것을 손에 넣을 수 있다는 사실을 안다. 이쯤 되면 부모는 화가 나서 스스로를 조절하기 어려워지며 아이를 때리거나 언어적으로 혼내게 된다. 그러나 더 많은 부모가 아이를 혼내기보다 쉽게 넘어가기 위해, 빨리 이 지긋지긋한 악몽으로부터 벗어나고 싶어서 아이와의 힘겨루기를 포기하는 편이다. 특히 공공장소라면 창피함으로 어떻게든 이 상황을 빨리 모면하고 싶은 생각만 들 것이다. 별것도 아닌 일인데 이번만 들어주자는 생각을 하며 스스로를 위안하게 된다. 결과적으로 아이는 부모의 위협과 부정적인 행동을 견디낼 수만 있다면 자신이 원하는 것을 얻을 수 있다는 점을 배우게 되어 고집부리는 행동은 점차 강화되고 자신이 원하는 것을 얻어내기 위한 방법으로 계속 활용하게 된다.

5. 주변 환경과 스트레스

가족이나 형제가 많아 아이가 원하는 만큼 엄마의 주목을 받기 어려운 환경, 외출을 거의 안하며 집 안에서 엄마와 둘이서만 지내는 시간이 많은 경우, 부부싸움이 잦거나 가정폭력이 있는 경우, 부모의 우울증, 잦은 체벌이 있는 환경에서 자랄 경우 아이들은 더 자주 고집부리고 떼를 쓴다. 환경 이외에 극심한 스트레스를 받는 경우에도 유사한 행동을 보일 때가 있다. 식구 중 누군가가 많이 아파서 입원을 한다든가 죽는다면 아이는 크게 놀라고 스트레스를 받을 것이다. 이 밖에도 입학 또는 전학, 사춘기, 이사, 부모의 이혼이나 별거, 부부싸움, 또래관계에서의 갈등과 같은 환경 변화가 아이들에게는 중요한 스트레스 원인이 된다. 이러한 스트레스로 인한 어려움이 괜한 고집이나 떼쓰는 태도로 표현되기도 하므로 만약 아이의 태도가 갑자기 변했다면 최근 환경의 변화가 없었는지, 아이가 스트레스를 받을만한 일은 없었는지 확인해 볼 필요가 있다.

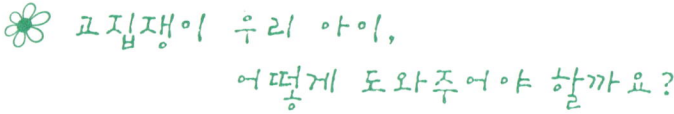

1. 고치기보다 중요한 예방법

✔ 아이는 부모를 보고 따라 한다

아이가 고집이 센 경우 고집쟁이 꼬마 여동생의 아버지처럼, 엄마 또는 아빠가 고집이 센 경우가 많다. 고집부리는 아이와 '네 고집이 센가 내 고집이 센가 한번 해보자.'라며 자기도 모르게 고집겨루기를 하고 있는 것은 아닌가 생각해볼 필요가 있다. 부모인 자신이 쓸데없이 고집을 부리고 있다면 그 모습을 아이가 가장 먼저 보고 닮는다는 사실을 깨닫자. 부모가 먼저 사소한 일에 고집을 부리지 않고 규칙대로 생활하며 배우자나 다른 식구의 말을 잘 따르는 모습을 보여주어야 한다.

✔ 기본적인 욕구라면 먼저 챙겨주자

아이가 배고파하거나 몸이 아프다면 되도록 다른 일 보다 먼저 아이를 돌봐주자. 기본적인 욕구는 결국 챙겨줘야 할 일인데 편의를 위해 다른 일을 먼저 하다가 아이와 실랑이 하는 것은 옳지 않다. 이런 경험이 반복되면 아이는 자신이 고집을 부리고 졸라야만 자신에게 필요한 것을 해결할 수 있다고 생각하게 된다. 평소에 부모가 자신을 먼저 챙겨준다면 가끔 상황이 불가피해서 기다리게하는 것 정도는 아이도 이해할 수 있게 된다.

✓ "안 돼", "그만"이라는 말은 최소한으로 하자

너무 많은 규칙을 만들고 하는 행동마다 "안 돼.", "그만."이라며 못하게 한다면 아이들도 화를 내고 반항하게 된다. 학교에 들어가기 전 초기 아동기에 부모가 아이들을 허용적으로 대해주는가, 아닌가에 따라 이후 아이들의 자율성이 좌우된다. 부모는 아이들이 스스로 탐색하고 발전해나갈 수 있도록 허용하면서 안전을 위한 최소한의 제지만 해야 한다. 사소한 일이나 어차피 들어줄 일이라면 안 된다고 말하지 말자. 일상을 살펴보면 정말 위험하거나 해서는 안 되는 일뿐만 아니라 들어줄 수 있는 일도 시간상, 편의를 위해서 못하게 하는 경우가 많다. 할머니댁에 갈 때 장난감을 서너 개 들고 가려는 아이를 보고 "안 돼, 한 개만 골라."라고 말해서 출발 전 한참을 다투고 심통난 아이를 달래가며 데려가는 경우가 종종 있다. 가능한 일이라면 안 된다고 말하지 말고 기분좋게 들어주자. 그러면 아이도 고마워하고 부모가 "안 돼."라고 말할 때 자신이 정말 하지 말아야 한다는 것을 깨닫게 된다.

✓ 아이에게 선택권을 주자

아이에게 자주 지시를 할수록 아이는 자기 마음대로 하겠다고 고집을 부려 불필요한 힘겨루기가 늘어나게 마련이다. 하지만 부모가 허락할 수 있는 범위 안에서 아이에게 결정권을 준다면 힘겨루기를 줄일 수 있다. "오늘은 어떤 옷을 입을래?", " 둘 중에 어떤 걸 마시고 싶어?", "오늘 저녁에는 당근이 들어간 반찬을 먹을래 아니면 브로콜리를 먹을래?"와 같이 아이에게 선택권을 주면 아이는 스스로 더 많이 생각할 기회를 얻게 되고 자신이 통제권을 가지고 있다고 생각하게 된다. 그래서 굳이 부모와 싸우려 들지 않고 결정적일 때 부모의 말을 따르게 될 것이다. 물론 아이에게 선택권을 줌으로써 잘못된 선택을 할 수도 있고 뒤처리가 번거로워질 수도 있다. 하지만 잘못된 선택을 하고 실패를 경험하는 것도 아이들이 발달하면서 경험해야 하는 것이다. 몇 가지 제안을 하고 최종선택을 아이가 스스로 하도록 함으로써 아이는 자신의 선택에 책임감을 느끼게 되어 앞으로 더욱 신중한 선택을 할 것이다.

✓ 일지를 만들자

아이의 고집부리기가 심하다면 일지를 써보는 것도 좋은 방법이다. 일지를 통해 아이가 어떤 상황에서 주로 고집을 부리거나 떼를 쓰는지 파악할 수 있으며 이를 토대로 이후 아이의 행동을 예견하고 대처할 수 있다.

2. 아이의 고집을 다스리는 데 효과적인 9가지 방법

아이를 키우면서 고집부리는 것을 다루는 것만큼 어려운 일도 없다. 뿐만 아니라 아이의 성향과 고집의 강도, 상황에 따라 효과적인 방법이 다르므로 여러 가지 방법을 숙지하고 있다가 우리 아이에 맞게 적절하게 활용하는 것이 좋다. 단, 부모가 아이와 같이 화를 내며 감정적으로 대하거나 지키지도 않을 말로 위협하는 것, 인격적인 모욕이나 추궁, 체벌은 오히려 아이의 고집과 떼쓰기를 부추긴다는 사실을 명심하자.

✓ 한번 안 된다고 한 것은 절대 안 된다

부모가 "안 돼"라고 말하는 것은 정말 안 되는 일이라는 것을 신뢰할 수 있도록 도중에 물러나거나 번복하지 말아야 한다. 나중에 들어줄 일이라면 처음부터 금지하지 말아야 한다. 아이가 잘못된 행동을 할 때는 "안 돼!"라고 말하고 행동을 제지한다. 아이가 막무가내일 때는 팔을 잡고 눈을 쳐다보며 분명하게 다시 한 번 말해준다. 이때 목소리는 낮게, 단호하게 말하는 것이 효과적이다.

✓ 무시한다

아이가 고집을 부리는데 꼭 들어줘야 할 일이 아니고 신체적인 위험이 없다면 '안 돼!'라고 말한 뒤 그냥 무시하는 것이 좋다. 혹 아이가 발버둥을 치다가 다치지 않도록 근처에 위험한 물건은 치워둔다. 아이의 행동을 무시하는 방법으로는 최대한 아이의 말이나 행동에 반응을 보이지 말고 다른 볼일을 보는 것이 효과적이다. 아이의 고함소리가 너무 시끄러워서 다른 일에 집중이 안 된다면 청소기를 사용한 청소, 설거지, 음악듣기 등을 하거나 다른 방에 들어가도 좋다. 간혹 아이가 부모를 따라다니며 매달리고 고집을 부리는 경우도 있다. 이럴 때도 차분한 목소리와 단호한 표정으로 "고집부리는 것은 네 마음대로 하렴. 하지만 엄마는 지금 일을 해야 하니 매달리지 말았으면 좋겠다."라고 말하고 무시해 버린다. 시선을 다른 곳에 두고 아이의 고집부리기가 완전히 멈출 때 까지 아이를 보지 말자. 자신이 아무리 고집을 부리고 떼를 쓰며 부모를 괴롭혀도 아무 반응이 없다면 아이는 잘못된 행동을 멈추게 된다. 무시하기로 효과를 보려면 아이가 아무리 오래 동안 울고 떼를 써도 무시하고 버텨낼 수 있어야 한다. 때문에 이 방법은 부모가 시행하기 어려워하는 방법 중 하나이지만 부모의 관심을 끌고 괴롭혀서 원하는 것을 얻어내려는 아이의 고집부리기를 멈추는 데는 상당히 효과적이다.

✔ 효과적인 말하기 방법을 사용한다

아이들이 부모의 화를 돋우고자 계속 버릇없는 말을 할 때 무시하기란 쉽지 않다. 계속 아이의 말을 무시하기 힘들다면 이 방법을 사용해보자.

아이가 "난 너무 속상하단 말이야. 엄마는 나빠 왜 그것도 몰라줘!"라고 말하면 화를 내거나 신경질적으로 답하는 대신 "그래 이해한다. 하지만 안 되는 건 안 돼." 또는 "그래, 네 생각은 그렇구나.", "화가 났다니 유감이다."와 같이 간단하게 답을 하고 잘못된 행동에 대한 약속된 벌칙을 이행하자. 부모가 화도 안 내고 차분한 어조로 이렇게 말한다면 부모의 뜻이 확고하며 변경될 여지가 없다는 것을 아이는 알게 된다. 이때 목소리는 담담하게 하며 너무 자주 답하거나 빈정거리는 말투를 사용해서는 안 된다. 빈정거리는 말투는 오히려 아이를 자극할 수 있다.

✔ 절대 화를 내지 말고 침착하게 반응한다

일반적으로 부모들은 아이의 고집을 꺾고 조용히 시키려고 사용하는 방법이 불에 기름을 붓는 행동과 같다는 사실을 모른다. 부모가 심하게 화를 내고 호통을 칠수록 아이들도 더욱 거세게 반응한다. 반대로 부모가 강압적으로 아이를 다스리려 하지 않는다면 아이의 반항도 수그러들 것이다. 아이의 고집 센 행동을 변화시키고 싶다면 차분하게 이해심이나 동정심을 담아 말해야 한다. 추운 날 맨발로 나가겠다고 고집을 부리는 아이에게 화를 안 내기는 힘들 것이다. 그리고 맨발로 나가서 감기라도 걸리면 나도 모르게 "거 봐, 감기 걸린다고 말했지!"라고 아이를 질책하게 된다. 하지만 이런 말은 감기에 걸려 후회하고 있는 아이의 자존심을 상하게 할 뿐이다. 자존심이 상한 아이는 자신이 깨달은 교훈을 무시하고 다음날에도 다시 맨발로 외출하려고 할 것이다. 오직 부모에게 반항하기 위해서 말이다. 부모의 지적은 상관없고 자신이 옳다는 것을 보여주고 싶은 오기 때문에 잘못된 결과를 예상하면서도 계속 반복하게 된다. 그러므로 이미 잘못된 결과가 발생했을 때는 "감기 걸려서 아프겠다."고 걱정만 해주고 질책하지 말자. 그러면 아이는 반항을 멈추고 같은 실수를 되풀이하지 않으려고 다음부터는 부모의 조언을 따를 것이다. 물론 아이의 잘못된 행동을 수습하며 화를 안 내기란 쉽지 않다. 다만 아이 앞에서라도 화를 참고 표현하지 않도록 노력하면 충분하다.

✓ 화를 적절하게 표현하는 방법을 가르친다

아이가 고집을 부리고 울거나 떼를 쓰는 방법을 택하는 것은 자신이 원하는 것을 얻지 못했을 때 어떻게 표현해야 할지 모르게 때문이다. 평소 아이에게 화가 날 때 어떻게 표현하고 요구하는 것이 좋은 방법인지 알려주어야 한다. 올바른 감정 표현 방법은 울거나 물건을 집어던지는 것이 아니라 말로 표현하는 것임을 알려주자. 같은 표현이라도 "해달란 말이야! 왜 안 해주는 거야!"가 아니라 "엄마가 해주면 좋겠어. 해주면 안 돼요?"로 듣는 사람이 기분 나쁘지 않도록 말하는 방법을 알려주는 것이 요령이다. 가르쳐준 표현 방법을 활용하게 하려면 부모가 먼저 화날 때 올바른 표현 방식을 사용하며 보여주어야 한다. 이 과정을 통해 막무가내로 요구하는 것이 아니라 말로 자신의 의견을 표현하고 다른 사람의 의견을 들을 수 있는 융통성 있는 자세를 만들 수 있게 된다. 말로 적절하게 표현할 때만 부모가 자신의 요구를 들어줄 것이라는 사실을 아이에게 명확히 말해놓고 고집부리는 순간에 상기시켜주면 더욱 효과적이다.

화가 쌓였을 때는 이를 적절하게 풀 줄도 알아야 한다. 언어적으로 표현하는 방법과 함께 허용 가능한 행동 범위 안에서 자신의 화를 풀어내는 방법 또한 가르쳐야 한다. 화가 난다고 다른 사람을 때리거나 물건을 마구 집어던지는 행동은 잘못된 것이므로 금지시켜야 하지만 무조건 금지시키는 것만이 최선은 아니기 때문이다. 적절하게 자신이 화난 감정을 표현하고 풀어버릴 수 있을 때 아이들은 정상적인 발달을 할 수 있다. 사람을 대신하여 곰 인형을 때리거나 공을 벽에 던졌다가 받기, 방 안에서 혼자 소리 지르기 등 화풀이를 할 수 있는 대체 활동을 가르쳐주자. 이를 통해 분노를 억압만 하는 것이 아니라 사회적으로 수용 가능한 방법으로 풀 수 있도록 도와주는 것이다.

✓ 상 주기

위에서 제시된 방법을 활용하여 아이의 고집부리기가 줄었다면 칭찬을 해주어야 한다. 말로 자주 칭찬해주는 것도 좋지만 눈으로 확인할 수 있도록 칭찬 도장 등을 마련하면 보다 효과적이다. 아이가 고집부리지 않고 잘할 때마다 칭찬 도장을 찍어주자. 칭찬 도장이 몇 개 이상 모이면 특별한 상이나 활동을 할 수 있도록 약속한다. 이후 점차 특별상을 받기 위한 칭찬 도장의 수를 늘여나가다가 서서히 없애면 된다.

✓ 가벼운 벌주기

쓸데없이 고집을 부릴 때는 벌을 선다는 규칙을 평소에 아이에게 알려준다. 아이가 고집을 부리고 못되게 굴 때 규칙을 상기시키고 벌을 세우는 것이 좋다. 벌이 정해져 있기 때문에 실현 불가능한 위협을 할 필요가 없으며 부모의 말은 믿을 만하게 된다. 벌로는 타임아웃이나 자신이 좋아하는 활동 금지 등을 활용한다.

✓ 정 반대로 지시하기

다른 어떤 방법을 해보아도 소용이 없다면 부모도 반대로 행동해 보자. 아이가 고집을 부리고 반항할 때 그만하라고 하지 말고 실컷 고집부리고 울어보라고 허락하는 것이다. "고집부리고 울고 떼쓰고 싶다면 실컷 해보렴. 15분이면 될까? 실컷 고집부리고 나서는 엄마랑 같이 목욕하자."라고 말해주면 아이들은 순간 어색해하면서도 "싫어. 목욕 안 할 거야! 난 3시간도 더 넘게 고집부리고 떼쓸 거야!"라고 말할지도 모른다. 이럴 땐 "와! 정말 그렇게 오래할 수 있어? 놀라운걸. 다 끝나면 엄마한테 알려줘."라고 말해줘도 된다. 실제로는 자신이 말한 시간이 되기 전에 고집부리기를 멈추는 경우가 일반적이다.

✓ 이야기 나누기

고집부리기 상황이 종료되어 아이가 진정되었다면 이야기를 나눠보도록 한다. 왜 그렇게 화를 내고 짜증을 부렸는지 이야기하고 아이와 부모 모두가 자신의 기분이 어땠는지, 다음에는 어떻게 해야 할 것인지 상의한다. 이때도 지시를 하거나 추궁하는 것이 아니라 아이의 감정과 생각을 존중해주어야 한다.

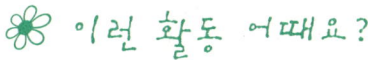

1. 사자로 변신해요, 으르렁~

아이들이 혼자 힘으로는 자신의 모습을 되돌아보고 고쳐나가기 어렵다. 그러므로 화 잘 내는 사자 역할을 통해 자신의 모습을 확인해볼 수 있는 시간을 제공해준다.

아이와 함께 화내는 사자로 변신해보자. 평소에 아이가 자주 화를 내는 상황을 사자가 화내는 상황으로 설정하여 사자는 왜 화가 나는지, 어떻게 고집을 부리고 화를 냈는지 그대로 해보도록 한다. 아이가 직접 거울 앞에서 인상을 쓰고 화를 내보게 하거나 부모가 아이의 화내는 모습을 재연해 보여주어 스스로 보고 느낄 수 있도록 한다. 화가 나서 으르렁거리는 사자의 모습이 어떻게 보이는지, 어떻게 행동하는 것이 올바른 것인지 아이와 함께 이야기 해본다.

2. 신문지 찢고 던지기 놀이,
신문지 총알을 만들어 격추시키기

자신이 원하는 것을 하지 못할 때 아이들은 좌절하고 화를 낸다. 이때 화를 못 내게 하면 분노는 내면에 쌓여 있다가 엉뚱한 상황에서 폭발하게 된다. 때문에 자신의 감정을 말로 표현하는 것뿐 아니라 억압하지 않고 허용 가능한 행동으로 표현할 수 있도록 도와주는 것이 필요하다. 이러한 경험을 통해 적절한 방법이라면 화를 내도 괜찮다고 생각하고 내면에 쌓인 분노를 풀어낼 수 있다면 아이들의 공격성은 한결 줄어들 것이다.

신문지를 방 가운데 놓고 마음껏 찢도록 해준다. 신문지로 격파 놀이도 하고 구멍도 뚫고, 찢어진 신문지로 던지기, 이불처럼 덮고 눕기, 눈처럼 날려보기도 한다. 실컷 놀았다면 준비된 바가지에 물을 조금 넣고 신문지와 밀가루 풀을 넣어 반죽한다. 반죽을 조금씩 뜯어내서 미리 벽에 붙여 놓은 신문지를 향해 발사! 신문지 반죽 공으로 벽에 붙은 신문지를 격추시키는 놀이를 한다.

3. 콩 주머니 던지기

신문지 찢기 놀이와 마찬가지로 내면의 화를 풀어낼 수 있는 놀이이다.

전지에 만화 주인공이나 사람의 실루엣을 그려놓고 콩주머니를 던지며 "오빠가 나 한테 명령해서 화가 나!" 등 자신이 어떨 때 화가 났는지 소리치도록 한다. 간단한 놀이지만 아이가 신나게 스트레스를 풀도록 도와줄 것이다.

4. 고집쟁이 꼬마 여동생에게 편지 쓰기

고집부린다고 매번 혼나게 되면 아이는 고립감을 느끼기 쉽다. 나만 잘못 했다고 하고, 아무도 나를 이해하지 못한다고 느껴 속상해하는 아이를 위해 〈고집쟁이 꼬마 여동생〉 동화를 읽어주자. 아이는 동화 속 친구의 경험을 들으며 공감하고 깔깔거릴 할 것이다. 동화를 다 들은 다음에는 꼬마 여동생에게 편지를 쓰게 해보자. 아이가 글을 못 쓴다면 말로 하게 하고 엄마나 아빠가 대신 적어주면 된다. 편지 내용으로는 아이가 꼬마 여동생에게 하고 싶은 칭찬, 동감, 혼내기 등 어떤 것이라도 좋다. 아이가 하고 싶은 말을 그대로 편지에 적어주자. 편지 쓰기를 통해 우리 아이가 어떤 생각을 하는지 확인하는 것도 아이를 이해하고 잘 양육하기 위한 밑거름이 될 것이다.

5. 내 맘대로 하는 마법 시간 1시간!

부모는 못 느끼지만 아이들은 하루 중 가장 많이 듣는 소리가 "안 돼!"이다. 항상 그 말을 듣게 되면 누구라도 반항하고 싶은 마음이 생기기 마련이다. 가끔은 아이들에게 자유 시간을 주는 것도 신선하므로 이것을 놀이로 만들어보자. 일주일 또는 한 달에 한 번도 좋다. 아이와 함께 '내 마음대로 하는 마법 시간 1시간'을 갖는다. 이 시간 동안은 몸이 다치는 것 이외에는 무엇이든 자기 마음대로 해도 된다고 허락해준다. 깨질 것 같은 물건이나 위험한 물건은 미리 치워두고 이 시간을 갖는 것이 좋다. 이 시간 동안은 엄마 아빠에게 반말을 해도, 누워서 텔레비전을 봐도, 침대에서 마구 뛰어도 혼내선 안 된다. 말 그대로 내 마음대로 모든 것을 해도 되는 마법의 시간이 생긴 것이다. 양말을 거꾸로 신거나 한겨울에 여름옷을 꺼내 입을 수도 있다. 이 시간 동안 아이를 지켜보면서 그 동안 아이가 정말 하고 싶었던 것이 무엇인지, 무엇이 불만이었는지 알게 될 것이다.

사소한 일에도 걱정을 해요

7

친구들 앞에서 발표를 해야 할 때 걱정이 앞서고,
시험 전날 전전긍긍 잠을 설치는 우리 아이.
혹시 불안장애는 아닐까?
우리 아이를 한없이 작아지게 만드는 두려움과 불안을 어떻게 쫓을 수 있을까?

사소한 일에도 걱정을 해요

    7살인 우리 아들은 별 것 아닌 일에도 항상 걱정을 합니다. 어려서부터 무서움이 많고 소심했는데, 나이가 들면서 뭔가 하기 전에 걱정부터 합니다. 유치원에서 발표를 해야 하거나 숙제가 있을 때, 잘하지 못하거나 틀릴까 봐 전날 밤에 잠도 편안히 자지 못합니다. 잘할 수 있을지 엄마에게 자꾸 반복해서 묻기도 하구요. 그리고 뉴스나 책에서 지진이나 태풍, 화재 같은 이야기가 나오면, 그런 일이 일어날까 봐 갑자기 걱정을 하기 시작해서 심하면 하루에 몇십 번을 엄마에게 "지진 일어나면 어떻게 해?" 라고 묻습니다. 하도 걱정이 많고 소심하니까 유치원에서도 자신있게 자기 표현을 못하고, 친구들에게 맞고 오기도 하고, 징징거리며 어리광을 부리기도 합니다. 이런 아들을 보면 저도 짜증이 나곤 합니다.

아이들이 자라면서 두려움을 느끼고 걱정을 표현하는 것은 자연스러운 과정이다. 돌이 되기 전부터 보이는 낯가림과 분리불안이 대표적인 것으로, 이는 영아들이 익숙한 사람과 낯선 사람을 구별할 수 있는 능력이 생겼다는 발달의 증거이기도 하다. 이후로도 아이들의 두려움은 나이가 들면서 다양해지며 곤충이나 동물, 어두움, 도둑이나 강도, 자연재해 등을 무서워하게 된다. 인지 능력이 발달하여 지식과 사고력이 향상되면서 이전에는 몰랐던 두려움도 느끼게 되는 것이다. 학령기에는 자신이 타인에게 어떻게 보일지에 대한 생각이 많아져서 사회적으로 무시당하는데 대한 두려움을 갖게 된다. 청소년기가 되면 학업적, 사회적 성취, 외모 등에 대한 두려움이 더욱 늘어난다. 이와 같이 단순한 대상이나 사건에 대한 두려움에서부터 사회적인 불안에 이르기까지 아이들이 경험하는 두려움과 걱정은 발달 과정에 따라 달라진다.

성장 과정에서 나타나는 자연스러운 두려움과 걱정, 불안은 아이의 일상적인 생활에 큰 어려움을 가져오지 않는다. 그러나 아이가 지나치게 걱정이 많고 불안해하여 타인과의 관계나 놀이 활동, 유치원 생활 등에 어려움을 겪는다면, 이는 적잖게 문제가 된다. 아이가 사소한 일에도 걱정하고 두려워하면, 다양한 활동과 외부 환경에 대해 적극적인 관심을 가지지 못하여 경험의 폭이 줄어들게 된다. 또한 사회적인 상황에서도 주도적이거나 자발적인 모습을 보이지 못하고 소극적이고 위축되기 쉽다. 그러므로 또래들에게 자신있고 유능한 아이로 보이지 못하여 좋은 평가나 인정을 받기 어렵다. 게다가 활기차고 즐겁게 생활하지 못하므로 우울하고 불만스러운 아이로 보이기도 한다. 이런 아이를 대하면서 부모는 아이가 겪는 불안감을 이해하며 안타깝기도 하지만, 동시에 속상하고 화가 나기도 한다. 아무리 안심을 시켜주려해도 걱정이 끊이지 않는 아이를 어떻게 대해야 할지 막막하기만 하기 때문이다.

짚신 장수와 나막신 장수

옛날 어느 마을에 할머니 한 분이 아들 형제와 함께 살고 있었다. 그런데 이 할머니는 하루하루 근심 걱정이 끊이질 않았다.

비가 무척 많이 내리던 어느 날, 빗길을 헤치고 지나가던 이웃 사람이 할머니가 걱정하고 있는 모습을 발견했다.

"아이고, 이렇게 날씨가 좋으니 우리 아들 장사하기 다 틀렸네."

그런데, 그 다음날 언제 그랬냐는 듯이 볕이 쨍쨍 내리쬐었다.

이웃 사람은 '이제 비가 그쳤으니 할머니도 좋아하시겠구나' 라고 생각했다.

그런데 이게 웬일까? 할머니는 여전히 걱정이 가득한 얼굴이었다.

이웃 사람은 너무 궁금해 할머니에게 물었다.

"할머니, 도대체 무엇 때문에 그렇게 매일 걱정을 하십니까? 비가 온다고 걱정을 하셨으니 비가 그치면 기뻐하셔야 할 텐데, 날이 맑아졌다고 또 걱정을 하시니 왜 그러시는지 도저히 모르겠네요."

할머니는 이웃 사람에게 이렇게 하소연을 했다.

"내게 아들이 둘 있는데, 큰아들은 짚신 장사를 한다오. 그러니 비가 많이 오는 날이면 짚신이 하나도 팔리지 않을 것 같아 걱정이지. 또 작은아들은 나막신 장사를 한다오. 그러니 날이 맑으면 작은아들이 장사를 못하게 될 것 아니오? 그래서 맑은 날에는 작은아들 걱정, 비 오는 날에는 큰아들 걱정이지요. 아이구 내 팔자야."

이 말을 들은 이웃 사람은 고개를 갸웃거리다가 이렇게 말했다.

"할머니, 그럼 이렇게 해보세요. 맑은 날엔 큰아드님이 짚신을 많이 팔겠죠? 그러니까 날이 맑으면 '큰아들의 장사가 잘 되겠구나'라고 생각하시고, 비가 오면 '작은아들의 나막신이 많이 팔리겠구나'라고 생각하세요. 그러면 비오는 날이나 맑은 날이나 항상 행복하시지 않겠어요?"

그 말을 듣고 할머니는 무릎을 탁 쳤다.

"그렇지! 그렇게 생각하면 좋겠구나. 오늘은 큰아들이 잘 되고,
내일은 작은아들이 잘 되겠구나라고 생각하면 되겠네."
　그 뒤부터 할머니는 항상 싱글벙글 웃으며 살게 되었다.

✿ 걱정은 마음에서 시작되는 것입니다

1. 할머니는 왜 근심이 끊이지 않았을까?

　날씨가 좋으면 작은아들의 나막신이 하나도 팔리지 않을까 봐,
비가 오면 큰아들의 짚신이 팔리지 않을까 봐 걱정했다.
여러 가지 경우 중에서 좋지 않은 상황만을 생각했기 때문이다.

2. 할머니는 어떻게 해서 걱정을 하지 않게 되었나?
그리고 걱정을 하지 않게 되니 어떤 변화가 생겼나?

　할머니가 걱정을 하지 않게 된 것은, 두 아들이 모두 장사가 잘
되거나 부자가 되는 등 큰 변화가 생겼기 때문이 아니다. 두 아들

이 짚신과 나막신 장사를 하는 것은 여전히 똑같고, 날씨도 맑거나 비가 오며 달라지게 마련이다. 할머니 마음이 행복해질 수 있었던 것은 할머니 자신이 걱정거리 대신 잘될 일을 기대하는 기쁜 생각을 하게 되었기 때문이다. 실제로 상황이 변한 것이 아니라 단지 할머니가 상황을 보는 방법이 달라진 것이다. 지나친 걱정에서 벗어나기 위해서는 생각의 전환이 필요하다.

우리 아이,
왜 항상 걱정하고 불안해할까요?

불안이 아이들에게 자연스럽게 나타나는 것이긴 하지만, 나이에 비해 심한 불안을 보이거나, 불안한 마음 때문에 일상생활이나 학교적응, 또래관계에 어려움을 겪는다면, 아이의 불안과 두려움이 어디에서 비롯되었는지 그 이유를 살펴볼 필요가 있다.

1. 아동의 타고난 성격 특성

아이가 다른 사람보다 작은 일에도 더 불안해하는 성격을 타고

날 수 있다. 이런 아이들은 어려서부터 낯가림이 심하고 수줍음을 많이 타며 의존적이고 소극적인 면을 주로 보인다. 특히 감정적으로 예민하여 다른 사람의 기분의 변화나 상태에 대해 눈치를 많이 보고, 자신의 생각이나 바람보다는 타인의 요구에 따라 행동하는 일이 많다. 이런 성격을 타고난 경우, 환경적으로 불안한 경험을 많이 하게 되면 불안한 성격이 더욱 증폭되기 쉽다.

2. 부모의 성격

부모가 많이 불안해하고 두려움을 잘 느끼는 성격을 가진 경우, 아이는 부모의 성격을 닮아가기 쉽다. 이런 부모는 세상을 위험한 곳으로 인식하는 경향이 있는데, 아이 또한 세상을 보는 부모의 방식을 배우게 된다. 부모가 회피하는 방법으로 상황을 대처한다면, 아이도 같은 방식으로 문제를 피해가려 한다.

또한, 부모가 불안한 성격이라면 아이를 키우면서 환경에 대한 적극적인 탐색을 허용하기 보다는 과잉보호를 하기 쉽다. 더불어 아이가 불안을 느낄 것을 미리 예상하고 아이가 불안한 상황을 직면하고 대처하는 경험을 하기 전에 도움을 주기도 한다. 부모의 지나친 보호 속에서 아이는 자발적인 시도와 경험을 하지 못하고 다양한 자극으로부터 차단된다. 당연히 또래 관계와 놀이 경험을 충분히 하지 못하며, 이러한 경험을 통해 배워나가야 하는 사회성도 발달하지 못하게 된다.

3. 부모와의 애착 형성

0세에서 2세 사이에 이이는 부모와 안정된 애착을 경험하고 타인과의 신뢰 관계를 형성하는 기반을 쌓게 된다. 발달 초기에 부모와 지나치게 오래 떨어져 지내거나 부모가 우울증 등의 심리적인 어려움으로 인해 아이를 정서적으로 방치했을 경우, 혹은 경제적 문제나 가정 불화 같은 문제로 인해 아이의 안정감 욕구를 충분히 만족시키지 못했을 경우 안정된 애착을 형성하기 어렵다. 이렇게 안정된 애착과 친밀한 관계 형성에 실패하게 되면, 아이는 세상에 대한 안정감과 대인관계에서의 믿음을 갖지 못하여 무슨 일이든 적극적으로 도모하지 못한다.

4. 부모의 양육 태도

부모가 아이를 다루고 대하는 방식도 아이의 불안에 영향을 줄 수 있다. 위에서 언급한 것처럼 부모의 과잉보호하는 양육 태도는 아이 스스로 결정을 내리고 행동하는 일을 방해하여, 아이의 독립성을 발달시키지 못하고 새로운 환경에 대한 두려움을 갖게 한다.

또한, 부모가 감정적인 기복이 심하고 아이를 일관적으로 대하지 못할 때, 아이는 부모의 행동과 자신의 주변 상황에 대해 일관된 예측을 하지 못하여 안정감을 갖고 생활하기 어렵다. 이런 경우 아이는 자신의 주변이 항상 지나치게 변화무쌍하고 자신의 힘으로 감당할 수 없다고 느끼고 불안해하며 눈치를 보고 걱정을 하게 된다.

일부러 그러는 것은 아니지만, 부모들은 아이가 불안해하는 모습을 보일 때 평소보다 더 많은 관심을 보이기도 한다. 물론 아이가 불안해하면 아이의 마음을 이해하고 극복할 수 있도록 부모가 도와주어야 하지만, 평소에는 아이가 원하는 충분한 관심을 받지 못하다가 불안한 행동에 대해 부모가 크게 반응한다면 아이는 이러한 경험을 심각하게 받아들일 수 있다. 이때 필요 이상으로 불안해하거나 두려움을 표현하는 것을 배우게 되기도 한다.

5. 환경적 스트레스

생활 속에서 스트레스가 심해지거나 충격적인 경험을 하게 되면 아이는 자연스럽게 불안감이 높아진다. 게다가 원래 예민하고 불안한 아이였다면 환경적인 스트레스로 인한 불안이 단기간에 그치지 않고 오래 지속될 수도 있다. 불안을 일으키는 스트레스로는 자신이나 가족의 질병, 죽음, 부모의 별거나 이혼, 이사 등의 갑

작스러운 변화, 가정 폭력, 학교 폭력, 교통사고나 강도, 화재나 자연재해의 경험 등을 들 수 있다. 환경적 스트레스로 인한 불안은 때로 이러한 사건에 대한 악몽이나 재경험으로 드러나기도 하며 사건과 관련된 상황을 피하려는 모습을 보이기도 한다.

❀ 불안한 아동의 심리적 특성

불안하고 걱정이 많은 아이들의 마음 속을 들여다보면 공통적인 특성을 발견할 수 있다. 이러한 특성을 이해하면 아이를 도와주기 위한 방법을 좀더 쉽게 찾을 수 있다.

1. 세상은 위험하고 두려운 곳이라는 믿음

불안한 아이들의 마음 속에는 자신이 마주하고 있는 이 세상은 안전하지 못하고 위험한 곳이라는 믿음이 자리잡고 있다. 그래서 주변 환경을 있는 그대로 받아들이지 못하며 왠지 모르게 걱정부터 하고 잘 되지 않거나 나쁘게 될 것이라는 생각을 한다. 게다가 사소한 일이나 상황을 위험하고 두려운 일로 인식하고 실제와는 다른 극단적인 판단을 한다. 예컨대, 엄마가 전화를 받지 않을 때, 엄마가 바빠서 전화를 받지 못할 것이라고 생각하기보다 엄마에게 교통사고가 난 것이 아닐까라는 생각을 먼저 떠올리는 것이다. 이러한 생각이 들면 아이는 갑자기 불안해져 안절부절 못하며 아무 일도 하지 못하고 걱정만 하게 된다. 상황 그 자체가 아니라 이에 대한 아이의 판단과 해석이 불안감과 두려움을 불러일으키는 것이다.

2. 두려운 대상은 무조건 피하려는 대처 방식

불안한 아이들은 자신들이 두려워하는 상황이나 대상을 직접 대면하지 못하고 일단 피하려고 한다. 어떤 일에 대한 불안한 마음이 너무 큰 나머지, 생각만 해도 무섭고 걱정되는 상황에 대해 무조건 피하고 싶은 것이다. 그러나 이렇게 지레 겁을 먹고 피하기만 하면, 아이가 두려워하는 일이 정말 일어나는지 아닌지 알아볼 수가 없다. 사실, 아이들은 실제로 일어나지 않을 여러 가지 일에 대해 불안해하지만, 그런 상황 자체를 피하기만 하기 때문에 나쁜 일이 일어나지 않을 수 있다는 사실을 모르게 된다. 예를 들어, 학교에 혼자서 가는 것을 두려워하는 아이는 혼자서 학교를 가지 않으려고 최선을 다해서 애를 쓸 것이고, 혼자서는 학교에 가지 않으니 어쩔 수 없이 부모님이 매일 데려다줄 것이다. 그러면 아이는 혼자서 학교 가는 경험을 하지 않게 되고, 사실은 혼자서도 학교에 갈 수 있으며 혼자 가도 아무 일도 일어나지 않는다는 것을 확인할 기회를 잃게 된다.

3. 자기 생각과 감정을 솔직하게 표현하는데 대한 두려움

불안한 아이들은 세상에 일어나는 위험한 일에 대한 두려움뿐만 아니라 대인관계에 대한 두려움도 많다. 자신의 솔직한 모습을 타인에게 드러내면, 상대방이 이를 있는 그대로 이해하고 수용해 줄 것이라는 확신을 갖지 못한다. 오히려 자신을 좋지 않게 보지 않을까 하는 걱정이 많아서, 자신있게 자신의 생각과 감정을 표현하지 못하고 다른 사람의 시선을 먼저 의식한다. 아이가 자신의 내면의 욕구와 바람을 적절하게 표현하지 못하게 되면, 타인과의 상호작용은 즐거움을 주기보다는 부담스럽고 힘든 경험이 된다. 자연히 다양하고 폭넓은 사회적 관계를 갖지 못하고 고립될 수 있으며, 가까운 친구나 가족에게도 자신이 실제로 원하는 것을 말하지 못하고 마음을 숨기게 된다. 이러한 방식이 지속되면, 아이는 자신이 정말로 바라는 것이 무엇인지 혹은 자신의 진정한 마음 상태가 어떤지 잘 느끼지 못할 수도 있다.

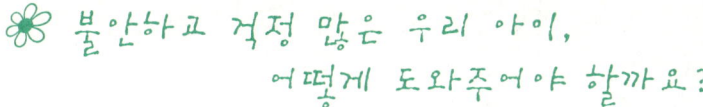
불안하고 걱정 많은 우리 아이,
　　어떻게 도와주어야 할까요?

1. 아이의 불안한 마음을 적절히 공감해주자

아이가 부모에게 불안하고 걱정하는 마음을 말할 때, 부모가 지나치게 같이 불안해하거나 걱정하는 모습을 보이는 것은 도움이 되지 않는다. 마찬가지로, 부모가 아이의 불안한 마음을 부인하고 별 것 아닌 것으로 무시하거나 "다 괜찮으니 무서워할 것 없어."라고 끊임없이 안심을 시켜주는 것도 좋지 않다. 물론 어느 정도는 안심을 시키고 위로해주는 것이 필요하지만 지나친 위로는 아이의 의존성을 강화시켜 오히려 불안을 극복하는 방법을 찾으려는 아이의 시도를 막을 수 있다.

걱정스러운 생각과 불안감에도 불구하고 아이가 이를 해결하기 위한 용기를 갖도록 돕기 위해서는, 우선 부모가 아이의 마음을 인정하고 공감해주어야 한다. 아이의 두려움과 불안을 부모가 무시하면, 아이도 자신의 감정을 수용하지 못하여 이러한 불편한 마음을 더욱 다룰 수 없게 된다. 아이는 분명히 두렵고 걱정스러운데, 이러한 두려움을 별 것 아닌 것처럼 무시해야 한다는 압박을 받으면, 불안을 느끼는 자기 자신이 더욱 이상한 사람으로 보이는 것이다. 자신을 잘못된 사람으로 여기는 아이가 불안한 마음을 적극적으로 극복하기 위해 용기를 내기는 힘들다. 걱정을 할 수도 있고 불안할 때도 있지만 스스로 그것을 극복할 용기를 가지고 있다고 부모가 아이에게 이야기해주어야 한다.

불안한 마음을 공감해주는 것은 아이가 부모에게 지지를 받고 있다는 믿음을 가지고 용기를 낼 수 있도록 도와주는 과정이다. 부모가 아이의 속상한 마음에 대해서만 같이 이야기하고, 이를 극복하도록 격려하지 않는다면 아이는 부모에게 자신의 마음을 알아달라고 보채기만 할 것이다.

2. 불안해하지 않고 용기를 내었을 때 충분히 칭찬해주자

걱정이 많은 아이라도 불안할 만한 상황에서 용기를 내어 행동하는 모습을 보일 때가 있다. 이런 상황은 사실 아주 사소하고 하찮은 일에서 나타나기도 한다. 부모들은 이런 상황이 너무나 당연해 보여서 놓치기 쉬운데, 이는 아이의 불안감을 줄일 수 있는 절호의 기회이다. 아이의 용기있는 행동을 잘 관찰하여 아무리 사소한 일이라도 많이 칭찬해주자. 부모의 칭찬을 받으면 아이는 이후에 그런 행동을 할 가능성이 훨씬 많아진다. 또한 긍정적인 행동에 대한 관심을 얻었으므로 불안해하는 행동을 통해 부모의 관심을 얻으려고 시도할 필요도 줄게 된다.

자연스럽고 우연한 기회에 용기있는 행동을 보이는 경우가 많아진다면, 가끔씩 아이가 평소에 주로 걱정하고 두려워하는 일에 대해 대처해보도록 격려할 수도 있다. 처음부터 너무 직접적으로 두려운 상황을 대면하기는 어려울 것이므로 조금씩 도전해보는 방법을 마련한다.

예컨대 밤에 혼자서 잠을 자지 못하고 엄마 옆에서만 자는 아이라면, 엄마와 같은 방이지만 바로 옆이 아니라 다른 이부자리에 누워 좀 떨어져서 자보도록 한다. 이런 시도를 성공하면 부모는 칭찬하고, 적절한 물질적 보상도 해준다. 아이는 두려웠던 일을 시도하여 성공하는 경험을 통해 자신에 대한 믿음을 쌓아갈 수 있다.

3. 조금씩 도전해보도록 격려하자

불안한 아이는 일이 잘 되지 않을 것을 먼저 예상하고 여러 상황에서 주로 회피하려고 한다. 때로는 부모도 아이가 불안해하는 모습을 보기 힘들어서 아이가 피하는 것을 그냥 넘어가주기도 한다. 이러한 경우가 너무 많아지면, 부모와 아이가 모두 불안과 걱정을 회피하면서 지내는 것이 습관으로 굳어질 수 있다. 그러므로 아이가 주로 피하고자 하는 상황이 무엇인지, 얼마나 자주 그러는지, 그 상황에서 얼마나 심하게 스트레스를 받는지 잘 살펴봐야 한다.

이러한 관찰이 필요한 이유는 아이가 도전할 만한 일이 무엇인지 알아내 이를 격려하기 위해서이다. 아이에게 도저히 할 수 없는 일을 하라고 윽박지르면, 아이는 또다시 쓰라린 실패를 경험하고 두려움만 더 심해질 뿐이다. 아이가 불안감을 덜 수 있도록 작은 일부터 도전하게 기회를 주어야 한다. 학교 수업시간에 발표하기를 두려워하는 아이라면, 학교에서 해보기 전에 소그룹인 학원에서 먼저 발표해보는 것을 목표를 정하고, 이를 위해 가족 앞에서 연습을 하도록 지지해준다.

4. 불안을 극복할 수 있는 방법을 아이 스스로 찾도록 유도하자

걱정이 많은 아이를 못마땅해하거나 한심하게 여기지 말고, 부모가 아이의 두려움을 인정한 후에 이를 대처하기 위한 방법을 같이 고민해본다. 이때 부모가 아이에게 방법을 직접 제시하는 것이 아니라 함께 찾아보는 것이 중요하다. 불안한 아이들의 특성상 부모에게 의존하는 경향이 있는데, 부모가 직접 어떻게 행동하라고 가르쳐주는 것은 아이의 의존성을 부추기는 결과가 될 수 있다.

부모는 아이가 혼자서는 생각하거나 다루기 힘든 불안한 상황을 이야기할 수 있도록 용기를 주는 역할을 하며, 부모의 지지를 바탕으로 아이는 생각조차 하기 힘든 걱정거리에 대해 대처 방법을 고민해보는 것이다. 아이가 여러 가지 가능한 방법을 생각하고 얘기할 수 있도록 아이의 제안을 지지하고, 생각해볼 만한 내용들을 슬쩍 제시해준다. 아이가 걱정거리를 극복해야 하는 이유를 논리적으로 설명해주면서 괴롭지만 스스로 대처 방법을 마련해야 할 필요성을 느끼게 한다.

아이와 논의하는 과정에서 부모는 아이의 생각이 지나치게 부정적이거나 걱정이 앞선 부분에 대해 정말 그런 생각이 맞는지 이야기해볼 수 있다. 세상에 대한 위험과 두려움을 당연하게 믿고 있는 아이에게 현실적인 증거와 경험을 제시하면서, 사실은 세상이 그렇게까지 두렵거나 위험한 것은 아니지 않을까 하는 생각을 한번 해보도록 한다. 이러한 이야기는 막연한 부모의 설교("너는 세상을 너무 위험하다고 생각하지만, 그렇지 않단다")로 전달되어서는 전혀 효과가 없으며, 아이가 직접 경험했던 상황에 대해 아이가 자신의 느낌과 생각으로 생생하게 실감할 수 있을 때 비로소 도움이 된다.

5. 부모가 아이 앞에서 용기있고 적극적인 대처 행동을 보여주자

아이가 직접 용기있는 행동을 통해 불안을 극복하는 경험을 하기 전에, 부모가 그런 행동을 보여줌으로써 간접적으로 두려움을 극복하는 경험을 전달할 수 있다. 특히, 불안한 아동의 부모는 다른 성인에 비해 불안한 성격을 가지고 있는 경우가 많으므로 평소에 주저하고 걱정하는 모습을 보였을 수 있다. 이러한 부모의 모습을 배운 아이에게 부모가 스스로 불안을 극복하기 위해 적극적으로 대처하는 행동을 보여준다. 아이 앞에서 불안하거나 걱정하지 않는 것처럼 연기하지 말고, 부모도 아이처럼 두려움을 느끼지만 충분히 극복할 수 있다는 사실을 직접 보여주도록 한다.

6. 자신의 감정과 생각을 인식하고 표현하도록 돕자

아이가 불안하고 걱정하는 마음으로 인해 자신의 감정을 억누르는 경우가 있다. 이렇게 되면 아이는 두려운 마음을 줄일 수 있지만 기쁘거나 즐거운 감정까지도 잘 느끼지 못하게 된다. 결국 자신이 언제, 무엇을 하며 즐겁고 신이 났는지 잘 모르게 되는 것이다. 부정적인 감정이나 긍정적인 감정이나 제대로 경험했을 때 올바로 대처할 수 있다. 아이가 자신의 감정을 두려워하고 억압하지 않도록 부모가 아이의 감정 상태에 민감하게 반응해줄 필요가 있다.

부모 자신도 자신의 감정을 가족 앞에서 적절히 표현하며 괴로운 감정을 없앨 수 있다는 점을 몸소 보여준다. 또한 아이가 감정을 표현할 때 무심히 지나쳐서는 안 된다. 속상하거나 화난 감정을 드러낼 때에도, 그런 감정을 드러낼 정도로 부모를 믿어준 것에 대해 고맙다고 말해주자. 불안하고 걱정 많은 아이가 타인에게 화난 감정을 드러내기는 쉽지 않으므로, 그런 행동을 보이면 아이가 상당한 용기를 냈다는 것을 이해하고 충분히 공감해주도록 한다. 그후에 그런 부정적인 감정을 어떻게 해결할지 방법을 의논해본다.

✿ 이런 활동 어때요?

1. 불안한 마음을 일으킨 생각 찾아보기

불안해하고 걱정하는 주인공의 이야기가 있는 동화책을 선택하여 같이 읽고, 주인공이 불안한 이유가 무엇인지 탐색해본다.

1) 부모와 아이가 같이 큰 소리로 동화책을 읽는다.

2) 아이에게 주인공의 마음 상태를 설명해보도록 한다.

3) 주인공의 두려운 마음 때문에 어떤 불편을 겪는지 이야기해본다.

4) 주인공의 두려움은 어떤 생각에서 비롯되었는지 탐색해본다. (예를 들어, 어떤 아이가 비가 오면 무서워서 학교에 혼자 가지 못하는데, 아이는 번개를 맞을 것이라고 믿기 때문에 무서워한다는 식으로 감정과 생각(오해)의 관계를 탐색)

5) 아이와 부모도 그런 경험을 한 적이 있는지 말해본다.

6) 두려워하는 마음이 잘못된 믿음이나 오해에서 비롯될 수 있는 사례를 상상해서 서로 이야기해준다.

2. 몸의 긴장을 이완시키는 활동 해보기

불안한 마음이 들 때 몸이 지나치게 긴장한다는 것을 알고, 몸의 긴장감을 풀어보는 활동을 통해 두려울 때 몸을 이완시키면 불안도 덜해지는 경험을 해본다.

1) 오른팔을 위로 들고 손과 팔에 힘을 세게 주었다가 다섯을 세며 천천히 힘을 뺀다.
2) 위의 행동을 할 때 아이가 어떤 느낌이었는지 말해보도록 한다.
3) 두 팔을 동시에 해보고, 점차 얼굴, 몸통, 다리와 발도 긴장했다 이완하는 연습을 해본다.
4) 온몸을 긴장한 후, 천천히 숨을 내쉬면서 이완하도록 해본다.
5) 집 이외의 장소에서 몸에 힘을 빼고 이완하는 것을 연습한다.
6) 두려운 생각이 들 때 몸을 이완하도록 해본다. 다만, 이 과정은 충분한 연습 없이는 힘들 수 있으므로 무리해서 시도하지 말고 가능하면 전문가의 협조를 받아서 시도해본다.

3. 명상하기

두려움이 많은 아이들은 마음이 편하고 안심이 되는 순간이 별로 없을 것이다. 마음의 걱정을 덜고 편안한 마음이 어떤 것인지 실감할 수 있도록 명상을 해본다.

　1) 아이에게 가고 싶은 곳이나, 가보았던 곳 중에서 마음 편히 쉴 수 있는 곳을 생각해보라고 한다.
　2) 아이가 선택한 장소에 대해 자세히 설명해보도록 한다.
　3) 아이가 그곳에 가면 어떤 느낌일지 말해달라고 한다.
　4) 아이에게 눈을 감게 하고, 아이가 설명한 장소를 떠올릴 수 있도록 묘사해준다.
　5) 그곳에 가면 기분이 편안하고 안전하게 느낀다는 말을 해주며 편안한 마음을 경험하도록 한다.

부록 IV.

♡ 이런 경우, 전문가의 도움을 받아보세요!

　말도 잘하고 영리한 아이인데 매사에 예민하고 생각이 많으며 가끔 터무니없는 걱정을 하며 부모님께 확인을 하는 행동을 보이는 경우가 있다. 이런 아이들은 좀 예민할 뿐인지, 혹은 너무 걱정이 많고 불안해하는 것인지 주의깊게 살펴볼 필요가 있다.

　✓ 예민하고 걱정이 많은 우리 아이, 혹시 불안 장애 아닐까요?

　다음의 내용을 점검해보고, 아이가 반 이상의 항목에서 제시된 행동을 6개월 이상 지속적으로 보였다면 전문가와 상담을 해보는 것이 좋다.

　□ 일상 생활의 여러 활동들(예컨대, 학교 숙제나 시험, 준비물 챙기기 등)이 잘 되지 않고 문제가 생길까 봐 지나

치게 걱정하는 일이 1주일에 몇 번씩 나타난다.

☐ 일어날 가능성이 거의 없으며 경험한 적도 없는 일(예컨대, 지진이나 폭풍우, 자동차 사고나 폭발 등)을 지속적으로 머릿속에 떠올리며, 그 일로 인해 자신이나 가족이 죽을까 봐 걱정한다.

☐ TV나 신문에서 보도된 사고나 범죄사건 등에 관심이 많고 잘 잊지 않으며, 그런 일이 자신에게도 일어날까 봐 지속적으로 걱정한다.

☐ 아이가 걱정하는 일에 대해 부모가 안심을 시켜주어도 진정되지 않고 금방 다시 염려하며 괜찮을지 반복해서 묻는다.

☐ 아이 스스로도 걱정할 필요가 없다는 것을 아는 것처럼 보이나, 안심이 되지 않아 힘들어 보인다.

☐ 잠을 푹 자지 못한다. 때로 잠꼬대를 하거나 갑자기 깨서 울며 진정되지 않는다.

☐ 아이가 긴장하고 안절부절 못하는 것처럼 보인다.

☐ 아이가 쉽게 피곤해하며 지치는 것 같다.

☐ 아이가 항상 지나치게 예민해서 부모가 어떤 일에 대해 조금만 염려를 하면 아이도 금방 기분이 나빠지고 긴장

하는 것처럼 보인다.

　□ 아이가 대부분 얼굴 표정이 굳어 있거나, 몸의 근육도 이완되지 않고 긴장되어 있다.

　불안과 걱정의 강도, 기간, 또는 빈도는 두려워하는 사건이 실제로 일어날 가능성이 얼마나 되는지, 실제로 얼마나 많이 일어났는지 그 결과와는 별로 상관이 없다. 이러한 걱정스러운 생각 때문에 과제에 집중하기 어렵고, 생각을 떨쳐내려고 해도 잘 되지 않는다. 그래서 불안 장애를 가진 아이들은 사소한 일에 대해 항상 부모에게 확인을 하려고 하며, 그 일이 제대로 잘 되었다고 해도 걱정할 필요가 없었다고 느끼지 못한다. 그러므로 한 가지 일이 끝나면 그 다음 다른 일에 대해 걱정하기 시작한다. 끊임없이 괜찮을지, 잘 될지 물어보고 확인하고자 하기 때문에 주위 사람들이 피곤해지며 아이에게 화를 내기도 쉽다. 이렇게 주위 사람들로부터 위안을 얻지 못하게 되면, 어쩔 줄 몰라 하면서 쉽게 울거나 좌절하고 우울해하기도 한다.

너무 수줍음을 타고 그심해요!

8

수줍음은 타고난 기질?
맞다. 내면의 삶이 풍부하고 사려깊고 창의적인 능력이 탁월한 기질이다.
아이가 자신의 기질에 대해 긍정적으로 생각하도록 도와주라.
따라오는 자신감과 용기는 덤이다.

너무 수줍음을 타고 소심해요!

유치원에 다닌 지 한 달된 우리 딸이 인사를 너무 안 해 걱정이 됩니다. 유치원 다니기 전 홈스쿨 선생님한테 인사하는 것도 무지 시간이 오래 걸렸거든요. 집 안에서는 활달하고 명랑한 편인데 현관문만 나서면 너무도 조용한 아이로 바뀌어버립니다. 그리고 밖에서 아빠나 엄마가 아는 사람을 만나도 인사를 전혀 하지 않구요, 누가 무슨 말을 물어도 눈도 마주치지 않습니다. 나중에 조용히 왜 그랬느냐고 물어보면 "부끄러워서…." 라고 말하더라구요. 인사를 하는 건 부끄러운 게 아니라고 해도 시간이 지날수록 더합니다. 자꾸 엄마가 주의를 줘서 더 소극적이 되는 걸까요? 우리 딸이 내성적이지만 아이들과는 잘 어울려 놀고 아이들과 있을 땐 무척 명랑합니다. 그런데 어른들만 있으면 말을 안하고 물어봐도 대답도 잘 안합니다. 도움 부탁드립니다.

어린이집을 다니고 있는 5살 우리 아이는 소극적이고 부끄럼도 많습니다. 엄마인 제가 좀 내성적이고 낯가림을 하는 성격이라서, 타고난 기질적인 면도 있으리라 생각은 됩니다. 문제는 먼저 쉽게 또래에게 다가가지 못합니다. 쭈뼛쭈뼛… 친구가 와서 같이 놀자고 해도 요지부동! 마음속으로는 너무 같이 놀고 싶어하면서도 어울리지 못하는 아이의 모습을 볼 때 부모로서 속이 터집니다. 안타까운 마음과 동시에 그런 기질을 물려준 제 자신에 대한 미운 마음까지, 너무 힘듭니다.

우리 아이는 친구가 먼저 와서 같이 놀자고 20분 정도 매달리면 겨우 쭈뼛쭈뼛 가거나 아니면 그 친구들이 지쳐 가버리고 나면 그제서야 친구랑 같이 놀고 싶다고 말합니다. 그러면 정말 화가 나서 참기 힘듭니다. "친구가 놀자고 하는데 같이 놀아, 왜 안 놀아, 친구 갔잖아!"

그리고 또 하나의 문제는, 항상 어떤 상황에 대해 엄마에게 계속 대답을 구합니다. "내가 이 옷 입으면 선생님이 뭐라고 하실까?", "친구한테 때리지 말라고 하면 그 친구가 뭐라고 할까? 친구가 날 싫어하면 어쩌지?" (이 질문에 참았던 제 마음이 무너집니다.) 아이의 그런 질문에 전에는 항상 긍정적으로 대답해 줬습니다. "선생님이 이쁘다고 하실 거야", "친구들이 좋다고 할 거야." 등. 이제는 너무 짜증이 나 아이가 그렇게 물어올 때면 "네가 직접 물어 봐, 뭐라고 할지. 네 생각엔 뭐라고 할 거 같아?" 그러면 아이는 엄마가 빨리 대답하라고 짜증을 냅니다. 이런 우리 아이에게 제가 어떻게 해줘야 아이의 모습이 좀 달라질까요?

아이가 수줍음을 많이 타서 유치원이나 학교에 입학한 뒤 힘들어하거나 낯선 곳에 가면 지나치게 오랫동안 어울리지 못하고 길에서 아는 어른을 만났을 때 엄마가 인사를 시켜도 엄마 뒤로 숨는 아이를 보면 부모 입장에서는 답답할 수 밖에 없다. 어떻게든 활달하고 다른 아이들과 잘 어울리게 만들려고 억지로 활동적인 운동이나 단체 생활에 넣어보기도 하지만 오히려 역효과를 내어 더욱 위축된 모습을 보이기도 한다. 심지어 억지로 단체 생활이나 학원 등에 보낼 경우 아이가 더욱 불안해져 엄마와 떨어지려고 하지 않거나 무기력한 모습을 보여 전문 상담 기관을 찾게 되는 경우도 있다.

아이들은 저마다 타고난 기질과 특성을 가지고 있다. 그 중에는 활달하고 자기주장을 잘 하는 아이가 있는가 하면 수줍음을 타는 아이가 있다. 수줍음을 타는 것은 아이의 기질 중 하나일 뿐 문제가 되는 행동은 아니다. 그러나 위의 사례처럼 또래 아이들과 잘 어울리지 못하고 유치원이나 학교에 계속 적응하지 못한다면 세심한 배려를 해야 한다.

그렇다면 어떤 아이들이 수줍음을 타고 소심한 특성을 지니게 될까? 또 그런 아이들에게 어떻게 도움을 줄 수 있을까?

오즈의 마법사

금발머리에 통통하고 붉은 볼을 가진 귀여운 소녀 도로시는 풀도 나무도 온통 회색빛인 쓸쓸한 캔자스주에서 헨리 아저씨와 엠 아주머니와 함께 살았다. 어느 날 도로시는 강아지 토토와 함께 회오리바람에 실려 예쁜 꽃과 따뜻한 햇볕이 가득한 아름다운 오즈의 나라로 간다.

오즈의 나라는 빨강, 노랑, 파랑, 보라, 초록의 다섯 개의 나라로 이루어진 신기한 왕국으로 온갖 이상한 마법을 부리는 마법사와 마녀들이 다스리고 있었다. 도로시는 오즈가 아름답다고 생각하지만 그래도 역시 고향인 캔자스로 돌아가고 싶어한다. 착한 마녀로부터 집으로 돌아갈 수 있는 유일한 방법은 위대한 마법사 오즈를 찾아가 부탁하는 것이라는 사실을 안 도로시는 오즈가 살고 있는 에메랄드 시로 가는 여행을 시작한다.

"안녕하세요? 저 좀 풀어 주세요!"

옥수수 밭을 지나다 밭에 꽁꽁 묶인 허수아비를 만났다. 도로시는 얼른 가서 허수아비를 풀어 주었다.

"고마워요. 그런데 어디에 가세요?"

자유의 몸이 된 허수아비가 물었다.

"에메랄드 성에 가면 소원을 들어 준대요. 우리는 집에 가야 하거든요."

"그러면 저도 데려가 주세요. 저는 머리가 짚으로 만들어져 멍청하거든요. 똑똑해지고 싶어요."

그래서 도로시와 허수아비는 같이 길을 가게 되었다.

얼마쯤 가니 숲이 나왔다. 어디선가 끼익 끼익 하는 소리가 들렸다. 도로시와 허수아비는 소리가 나는 쪽으로 뛰어 갔다. 커다란 나무 밑에 도끼를 든 양철나무꾼이 울고 있었다.

"서쪽 나라 마녀가 못된 주문을 걸었어요. 그래서 온몸에 녹이 슬어 버렸지요. 이제는 팔도 다리도 움직이질 않아요."

"저런, 불쌍해라. 얼마나 아플까?

도로시는 양철나무꾼의 몸에 기름을 잔뜩 부어 주었다. 양철 나무꾼은 이제 팔도 움직일 수 있고 걸을 수도 있었다.

"고마워요. 그런데 어디까지 가나요?"

"우리는 오즈의 마법사를 만나러 가요. 거기 가면 소원을 들어 준대요".

"저도 데려가 주세요. 저는 양철로 만들어졌기 때문에 심장이 없답니다. 저도 쿵쾅쿵쾅 뛰는 심장을 가지고 싶어요."

이제 도로시와 토토와 허수아비와 양철나무꾼이 같이 에메랄드 성으로 가게 되었다. 그런데 갑자기 몸집이 아주 큰 사자 한 마리가 길을 막고서 으르렁거렸다.

"크르릉, 내 허락을 받지 않고는 못 지나간다."

허수아비와 양철 나무꾼은 너무 놀라서 나무 위로 올라갔다. 하지만 도로시는 용감하게 사자에게 말했다.

"우리는 그냥 길을 가는 것뿐이야. 그런데 왜 너한테 허락을 받아야 하지?"

그러자 사자의 얼굴이 빨개졌다.

"너는 정말 용감하구나. 나는 아주 겁쟁이 사자란다. 그래서 괜히 심술을 부리곤 하지."

결국 사자도 함께 오즈의 마법사를 만나러 가게 되었다. 오즈의 마법사를 찾아가 '용기'를 달라고 부탁하려고 말이다.

다섯 친구들은 서로 장난도 치고 이야기도 하면서 에메랄드 성을 향해 걸었다. 그런데 길이 갑자기 끊기더니 낭떠러지가 나타났다.

"어, 어떡하지? 여기를 건너가야 하나 봐."

도로시는 걱정이 되었다.

"걱정하지 마, 우리 모두 다리를 만들자."

친구들은 힘을 합쳐 다리를 만들었다. 토토가 제일 먼저 다리를 건너고, 도로시, 허수아비가 뒤따라 건넜다.

"어흥, 너무 무서워. 나는 도저히 못 건너겠어."

겁쟁이 사자가 무서워서 덜덜 떨었다.

"하나도 무섭지 않아. 너는 날쌔고 씩씩하잖아."

허수아비의 말을 듣고 사자는 용기가 났다. 사자는 나무다리를 씩씩하게 건넜다. 그때 갑자기 머리에 뿔이 나고, 호랑이 가면을 쓴 무서운 괴물이 나타났다.

"이놈들, 누가 맘대로 내 땅을 지나가라고 했어?"

"어떡해? 양철나무꾼이 아직 건너오지 않았어."

사자는 괴물이 자기 친구를 다치게 할까 봐 큰 소리로 으르렁거렸다.

"크르렁 크르렁 어흥~."

머리에 뿔이 난 괴물은 사자를 보고는 겁을 먹고 머뭇거렸다. 그 사이 양철나무꾼이 다리를 건너와 도끼로 다리를 부셔버렸다.

"사자야, 네가 괴물을 꼼짝 못하게 했어! 너무 멋있어."

"허수아비 덕분에 사자가 무사히 건너왔지."

"그리고 양철 나무꾼은 멋지게 다리를 부셔버렸지."

다섯 친구들은 서로가 무척 자랑스러웠다.

친구들은 즐겁게 여행을 계속 했고, 얼마 후 에메랄드 성에 도착했다. 그리고 문지기의 안내를 받아 오즈의 마법사를 만났다.

"저희 소원을 들어주세요. 저와 토토는 집에 가고 싶어요. 허수아비는 똑똑해지는 머리를 가지고 싶대요. 양철나무꾼은 행복해지는 심장이 필요하고요. 겁쟁이 사자는 용기를 갖고 싶대요."

오즈는 이렇게 말했다.

"사자에겐 친구들을 위해 싸울 수 있는 용기가 이미 있고, 양철 나무꾼에겐 이미 친구를 사랑하는 따뜻한 마음이 있고, 허수아비는 지혜를 가지고 있단다."

사실 마법사 오즈는 평범한 사람으로 친구들의 소원을 들어줄 수 없었다. 그러나 친구들은 여행길의 모험 속에서 이미 자신들이 원하는 멋진 모습으로 변해 있었던 것이다. 도로시와 토토는 행복을 찾은 친구들과 아쉬운 작별을 하고 착한 마녀의 도움으로 고향으로 돌아왔다.

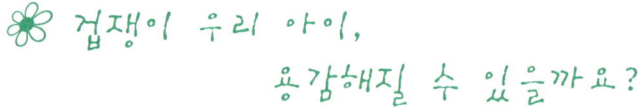

겁쟁이 우리 아이, 용감해질 수 있을까요?

오즈의 마법사에 나오는 겁쟁이 사자처럼, 수줍은 아이들은 쉽게 겁 먹고 얼굴이 빨개지면서 매우 부끄러워하는 반응을 보이곤 한다. 친하지 않은 아이들과 있으면 몹시 어색해하고, 가족 이외의 낯선 사람들이 말을 걸어오면 당황하여 굳어버린다. 낯선 또래나 어른의 단순한 질문에도 대답하지 못하고 부모님이나 형제가 대신 대답해주기를 기대한다. 이런 일이 거듭되다 보면 수줍은 아이들은 사람들이 자기를 좋아하지 않을 것이라고 생각하여 새로운 사람을 만나거나 새로운 환경에 나가는 것을 꺼리게 된다.

수줍음은 다양한 형태로 나타난다. 집에서는 수다쟁이에 활발한 아이가 유치원이나 학교에만 가면 조용하고 내성적 아이가 되기도 하고, 어떤 아이들은 어른들과의 대화는 잘 하는데 또래 아이들 사이에 낄 때 더 머뭇거리기도 한다. 아니면 일대일로는 편안하게 잘 이야기하는 아이가 대중 앞에 서면 겁을 먹어 한 마디도 못하기도 하고, 다수의 대중 앞에서는 노래나 암송을 쉽게 하는 아이인데 일상적인 대화에는 잘 끼어들지 못하는 경우도 있다. 또 어떤 아이들은 친숙하지 않은 사람들과 있으면 긴장을 참지 못하고 갑자기 감정을 폭발해 소리를 지르거나 때리는 행동을 보이기도 한다.

이렇게 다양한 모습으로 나타나지만, 수줍음을 타는 아이들은 모두 낯선 사람과 어울리는 것을 불편해하고 자신이 뭔가 실수를 할까 봐 걱정한다는 공통점이 있다. 그리고 수줍은 아이들의 마음에는 사람들이 자기를 알아보고 인정해주기를 바라지만 동시에 자기가 보이지 않았으면 하는 바람이 있다. 그래서 친구를 절실히 원하지만 거부당할까 봐 걱정되어 놀고 있는 친구들을 간절한 눈빛으로 바라보다가도 막상 누군가 가까이 다가오면 움츠러들게 된다.

그러면, 수줍은 아이들은 왜 이런 두 마음 마음을 갖게 되는 것일까?

우리 아이, 왜 그렇게 수줍음을 타고 소심하죠?

1. 기질적인 차이예요!

먼저 '내성적인 기질'을 타고난 아이들이 있다. 미국 하버드 대학교 아동심리학자인 캐건에 의하면, 다섯 아이 중 한 명은 다른 아이들보다 위험을 더 잘 인식하는 두뇌를 가지고 태어나서 새로운 상황에서 쉽게 위축되고 불안해하며 수줍음을 잘 탄다고 한다. 이런 아이들은 어려서부터 잘 놀라고 잘 울고 낮가림이 심하다고 한다.

2. 과보호하거나 강압적인 양육 태도

수줍은 아이들의 부모 역시 그런 성향을 보이는 경우가 많아서 유전적 영향인 경우도 있다. 이런 아이들은 수줍음 많고 조용한 부모의 행동을 보고 배우며, 부모의 내성적인 성격으로 낯선 사람들과 어울릴 기회를 갖게 힘들다. 그리고 부모가 낯선 것에 대한 아이의 거부반응을 지나치게 배려하여 모든 위험으로부터 아이를 보호해주게 되면 아이는 낯선 위험을 극복한 경험이 없게 되어 더욱 부끄럼을 타면서 낯선 상황을 피하게 된다.

반면 일부 부모들은 자신은 사람들과 어울리기 싫어하면서 아이는 밖에 나가 친구들과 잘 어울리기를 바라기도 한다. 그래서 아이가 매번 똑같이 수줍어하면서 위축되는 모습을 보이면 오히려 짜증을 내며 "또 친구 그냥 갔잖아. 넌 왜 다른 아이들처럼 저렇게 어울려 놀지 못하니?"라고 아이를 나무란다. 부모의 이런 부정적인 태도는 수줍은 아이들의 자기상에 영향을 미쳐서 다른 사람들도 더욱 위축되게 만든다.

어떤 부모들은 아이가 안쓰러워서 처음에는 너그러운 태도를 보이다가 시간이 지나도 전혀 변하지 않는 아이의 모습에 답답함을 느끼고 짜증내며 안달하다가 위축된 아이의 모습이 또 다시 측은해보여 너그럽게 대하는 등 일관성 없는 태도를 보이기도 한다. 이런 경우 아이들은 좋은 엄마를 나쁜 엄마로 만드는 것이 자신이라고 생각하여 자신에 대해 죄책감을 갖게 되고 이런 자신을 부끄러워하게 된다.

3. 자신에게 붙인 부정적 딱지

위와 같은 주변의 부정적 피드백이 반복되고 '겁쟁이'라는 놀림을 받게 되면 아이들은 '다른 사람들은 나를 좋아하지 않아'라는 딱지를 스스로에게 붙이게 되고, 사람들이 다가오면 가까이 가고 싶으면서도 이런 내면의 부정적 목소리로 인해 머뭇거리게 된다.

4. 사회적 기술의 부족

이런 부정적인 딱지로 인해 아이들은 사람들과 어울릴 수 있는 상황을 더욱 피하게 되고 새로운 친구를 만나서 사귀는 경험을 할 기회도 줄어든다. 이를 테면 친구에게 인사하고, 친구가 말을 걸어올 때 친근하게 대답하고, 무리에 섞이는 경험을 할 기회를 잃게 된다. 이렇게 되면 또래를 만나도 다가가지 못하고 멀리서 머뭇머뭇 고립되어 있다가 자신에게 '내가 그렇지 뭐'라는 고정관념만 확인시키게 된다.

5. 자신감의 결여

이런 상황이 반복되다 보면 아이들은 자신감을 잃게 되면서 주위의 눈치를 많이 살피는 행동을 보이게 된다. 자기 의지대로 행동하면 늘 잘못된 일이 일어나거나 주변의 비난을 듣게 될 것이라고 생각하여 자신의 생각을 말하기 보다는 늘 주변의 의견을 묻고 그에 따라 행동하는 의존적 행동을 보인다. 때로 자신의 부끄러운 모습을 감추고 다른 친구들의 관심과 사랑을 받기 위하여 가면을 쓰기도 한다. 예를 들어 친구들이 좋아하는 것을 자신이 가지고 있다고 허풍을 치거나 다른 친구들을 웃기게 하려고 과장된 행동을 하기도 한다.

❀ 수줍음타고 소심한 우리 아이, 어떻게 도와주어야 할까요?

1. 아동에 대한 기대를 바꾸자

위에서 살펴본 것처럼, 수줍음이 많은 아이들은 '다른 사람들은 자신을 싫어할 것'이라는 부정적인 반응을 예상하므로 또래 아이들이 많은 캠프나 사회활동에 무작정 보내는 것만으로는 도움을 받지 못하는 경우가 많다. 또한 아이를 또래집단에 보내면서 "겁낼 필요없어!"라고 자신감을 불어넣으려는 것 역시 아이가 체질적으로 느끼는 부끄러움과 당황스러움에 대해 죄책감과 무력감을 느끼게 할 수 있다.

먼저 아이에 대한 기대를 바꿔보자. 현대사회가 사교성에 높은 점수를 주고 있기는 하지만 수줍음 타는 아이의 특성에도 장점이 많다. 수줍어하는 유형의 아이들은 많은 친구들을 사귀지는 않지만 적은 수의 친구들과 깊게 사귄다. 친구를 사귀는데 시간이 걸리기는 하지만 이러한 수줍음 기간이 지나면 매우 충직하고 남에게 잘 베푸는 훌륭한 친구가 된다. 또한 내면의 삶이 풍부하고 사려 깊고 창의적이며 집중하는 능력과 독립적으로 일하는 능력이 뛰어나다.

또한, 부끄러운 감정이란 자신이 잘못된 행동을 했을 때 누구나 느끼는 감정으로 다음에는 그 행동을 반복하지 않도록 도와주는 역할을 한다. 이렇게 긍정적인 역할을 하는 감정이 주위의 놀림을 계속해서 받게 되면 오히려 부정적인 역할을 하여 자신의 '행동'이 아닌 '자기 자신'에 대해 부끄럽게 느끼게 하고 그 사람을 꽁꽁 얽어매어 불행하게 만든다.

그러므로 수줍음 타는 아이의 특성을 있는 그대로 수용하고 자신의 모습에 대해 편안함과 안정감을 느끼도록 해준다. 사교적인 기질을 타고난 아이들과 비교하지 말고 자신의 장점을 충분히 인식하고 발현할 수 있도록 도와준다.

2. 자신의 감정에 대해 솔직하게 표현하고
긍정적으로 생각하도록 도와주자

수줍음을 타는 아이에게 "부끄러워하지 말고 자신감을 가져!"라고 다그친다고 해서 아이가 부끄러운 감정이 없어지거나 자신감이 생기지는 않는다. 또한 주변 사람들에게 "우리 아이는 원래 부끄러움을 많이 타서 사람들 앞에서 말을 잘 못해요."라고 변명하게 되면 아이는 자신에게 붙여진 꼬리표로 인해 더욱 더 자신을 부끄럽게 느낄 수 있다.

부끄러운 감정은 누구나 느끼는 감정이며, 그러한 감정으로 인해 다음에 잘못을 반복하지 않게 된다는 것을 알려주면서 아이가 느끼는 감정에 대해 부정적으로 생각하지 않도록 도와준다. 부끄러운 감정을 감추려고 할수록 더 심하게 부끄러움을 느끼게 될 뿐이고 솔직하게 이야기하면 오히려 모든 것이 달라진다는 놀라운 사실을 이야기해준다. "너는 이 세상에 하나뿐인 소중한 존재이기에 네가 느끼는 감정도 매우 소중하고 사랑스럽다."고 말해주자. 동시에 사람들은 모두 각기 다르며 그 모습 그대로 소중하다는 것을 전해준다.

3. 소수의 친구들과 어울릴 수 있는 기회를 제공하자

한두 명의 친구를 집으로 초대해서 안정감을 느끼면서 긍정적인 또래 경험을 할 수 있도록 도와준다. 이때 수줍음을 잘 타는 아이들끼리 모아 서로 어울리게 하는 것도 한 가지 방법이다. 비슷한 아이들끼리 있으므로 부담감이 적고 조금씩 친숙해지는 것에 편안함을 느낄 수 있다. 이때 아동에게 잔소리를 하지 말고 아이가 자신의 템포에 따라 부끄러움을 극복하면서 서서히 다가갈 수 있도록 기회를 제공한다.

4. 아이의 느낌이나 생각을 존중하고 따라가라

부모에게 자주 지적을 받아서 부정적인 부끄러움이 심해진 아이들은 자신이 느끼고 생각하는 대로 행동하지 않고 "엄마, 어떻게 해?"라고 수시로 물어보는 행동을 보인다. 이때 아이의 행동을 지시하기보다는 아이의 느낌이나 생각을 존중하며 그대로 따라가 주는 것이 필요하다. 동시에 "누구나 실수를 할 수 있어. 그렇다고 해서 큰일이 일어나지 않아. 실수하면 어때?"라고 아이의 행동에 용기를 주면서 격려한다.

5. 새로운 경험에 대해 미리 준비시킨다

수줍음이 많은 아이들은 유치원이나 학교 입학, 이사와 같은 새로운 상황에 적응하는데 시간이 오래 걸리며, 발표를 하거나 생일파티와 같이 다른 사람들이 주목을 받는 상황에 상당히 불편함을 느낄 수 있다. 이때 미리 마음의 준비를 할 수 있도록 시간적 여유를 주고, 새로운 경험에 대해 미리 이야기를 해주면서 아이가 긍정적인 기대감을 갖도록 도와준다.

 이런 활동 어때요?

1. 허수아비, 양철로봇, 사자도 부끄러움을 느꼈어요!
   (부끄러운 감정은 누구나 느껴요!)

오즈의 마법사에 나오는 주인공들은 저마다 부끄럽게 생각하는 단점을 가지고 있었고 그것을 바꾸고 싶어한다. 허수아비는 지혜가, 양철 로봇은 따뜻한 마음이, 사자는 용기가 자신들에게 없다고 생각했고 그러한 자신의 모습들을 부끄러워했다. 그러나 허수아비와 양철 로봇, 사자 모두 자신들이 없다고 생각하는 것들이 꼭 필요한 순간에 발현되어 위험을 극복할 수 있었다. 사람들은 누구나 자신의 모습 중에 다른 사람에게 보여주고 싶지 않은 부끄러운 부분이 있으며, 그것을 감추려고 할수록 더 위축된다. 오즈의 마법사 주인공들처럼 오히려 자신의 단점이라고 생각하는 부분을 친구들에게 용기내어 이야기하면 친구들은 그런 아이의 모습을 수용하고 아이 역시 더 편하게 친구들을 만날 수 있게 될 것이다. 이러한 주제를 이야기해준 후 세 주인공 중 한 명에게 편지를 쓰도록 한다.

2. 부끄러웠던 순간들을 함께 이야기해보기

가족들이 모두 둘러앉아 자신들이 부끄러움을 느꼈던 순간들을 함께 이야기 나눈다. 다른 사람 앞에서 발표할 때, 친구들이 어울려 놀고 있는데 혼자 따로 떨어져있을 때, 선생님이 갑자기 무언가를 물어보았을 때 등 다양한 순간들을 떠올려보고 아이의 부끄러운 감정에 대해 공감을 표현한다. 이후 그런 순간들을 어떻게 극복했는지 함께 이야기를 나누어본다.

3. 친구들은 어떻게 생각할까?

부끄러운 감정은 누구나 느낄 수 있는 중성적 감정이지만 부정적으로 작용할 때가 있다. 즉, 다른 사람이 자신을 어떻게 생각할까를 지나치게 고민하면서 다른 사람이 자신에 대해 부정적으로 생각할 것을 걱정할 때이다. 이 순간 부끄러운 감정은 창피한 감정으로 돌변하게 된다. 유치원 혹은 학교에서 자신과 비슷한 행동을 한 친구들을 생각해보거나 관찰할 기회를 갖자고 제안한다. 이후 그 친구의 행동을 보니 어떤 생각이 들었는지 이야기를 나눈다. 아이가 생각하는 만큼 그렇게 친구들이 부정적으로 생각하지 않으며 누구나 실수할 수 있다는 것을 알게 될 것이다.

4. 잘할 수 있는 것과 못하는 것

아이들은 자신을 다른 아이들과 비교하면서 다른 아이들은 자기보다 더 예쁘고 더 잘한다고 생각하고 열등감을 느끼곤 한다. 먼저 부모님이 아이 앞에서 잘할 수 있는 것과 못하는 것을 이야기한 다음 아이에게 같은 주제로 이야기하도록 한다. 이 과정에서 누구나 잘하는 것과 못하는 것이 있으며 자신이 단점이라고 생각하는 것이 자신의 전부가 아니라는 것을 일깨워준다.

5. 코디하기

자신이 잘하는 활동, 자신의 장점을 찾아서 그림으로 표현하고 주변에 알린다. 전지에 아이가 눕고 부모가 몸바탕을 그려주면, 신체부위에 자신과 가장 비슷하다고 생각되거나 자신이 좋아하는 머리와 얼굴 형태들을 붙이고, 자신이 하고 싶은 일이나 잘하는 일을 하는 모습을 만들어본다.

6. 전화 게임

전화기를 준비하여 아이가 전화하고 싶은 사람을 골라 전화를 거는 시늉을 하게 한다. 이때 부모는 아이가 통화하고 싶어하는 상대역을 대신한다. 통화내용은 자신이 잘한 일, 잘하는 것들, 또 자신이 한 일 중에 자랑스러웠던 일을 얘기하게 한다. 부모는 아이가 이야기를 쉽게 이끌어낼 수 있도록 도와줌으로써 용기를 주도록 한다.

7. 인형을 통한 상황극

부끄러움을 무릅쓰고 용기를 내어 행동했을 때 따라오는 긍정적인 결과를 인형을 이용한 상황극으로 직접 경험해보게 한다.

상황1. 손님이 놀러오셨을 때 인사를 못하고 머뭇거리는 아이. 엄마가 인사하라고 하자 부끄럽지만 그래도 용기를 내서 인사를 한다. - 엄마와 손님 모두 크게 칭찬한다.

상황2. 수업시간에 선생님의 질문에 자기가 아는 내용이라 대답하고 싶은데 친구들이 쳐다보는 것이 부끄럽고 너무 떨려서 망설여지는 아이. 그래도 용기를 내서 대답한다. - 선생님에게 칭찬을 받는다.

상황3. 친구들이 놀고 있는데 다가가서 같이 놀고 싶지만 함께 놀이하자고 말하기가 너무 어려운 아이. 겨우 용기를 내서 이야기를 걸고 함께 놀자고 제안한다. - 친구들이 흔쾌히 놀이에 끼워준다.

상황4. 엄마를 도와주기 위해 집 안에 있는 화분을 옮기다가 깨뜨린 아이. 엄마에게 혼이 나지만 엄마를 도와주려다 그런 것이라고 이야기한다. - 엄마로부터 이해와 위안을 받는다.

8. 용기의 목걸이

아이와 함께 앉아서 구슬이 담긴 상자에서 구슬을 한 개씩 집는다. 나일론 실을 준비해 앞으로 끼울 구슬들이 풀리지 않도록 맨 끝에 구슬을 하나 미리 묶어둔다. 부모가 먼저 자기가 가진 구슬을 한쪽 손바닥 위에 올려놓은 다음 다른 손으로 구슬을 가린다. 그리고 노래를 부른다.

구슬아 구슬아 내 손 안에 든 구슬아
너를 찾아서 너무너무 기쁘단다.
나의 용기를 너에게 떼어줄게
어려운 사람들 모두모두 지켜주렴

부모는 자신이 특별히 용감했던 순간을 큰 소리로 말하고 두 손 사이에 들어있는 구슬에 입김을 불어넣는다. 구슬 하나를 미리 꿴 실에 자신의 구슬을 연결해서 꿴다. 아이가 같은 방식으로 반복한다. 마법의 힘을 가진 특별한 구슬은 부모와 아이 것 하나씩만 끼우고 나머지 부분은 보통 구슬로 채워서 목걸이를 완성한다.

부록 V.

♡ 입학 전에 꼭 체크해보세요!

✔ 우리 아이, 입학 할 준비가 되었나요?

　유치원(혹은 학교)은 아이들이 독립적으로 사회생활을 경험하는 시작점이므로, 부모들은 아이들의 적응에 많은 관심을 갖는다. 유치원(혹교 학교) 적응을 잘 하는 아이들은 대부분 엄마와 분리되는데 어려움이 없고 규칙적인 생활습관이 형성되어 있으며, 적절한 사회적 기술을 갖춘 심리적, 신체적으로 건강한 아이들이다. 그러므로 아이들의 유치원(혹은 학교) 적응을 위하여 입학하기 전에 다음의 사항들을 하나씩 잘 체크해야 한다.

D-60일. 엄마와 안정적으로 헤어지는 연습하기

　유치원에 가기 싫어하는 대부분의 아이들이 엄마와 떨어지기 싫어하는 '분리불안'인 경우가 많다. 그러므로 유치원 입학하기 전부터 엄마와 안정적으로 헤어지는 연습을 하는 것이 필요하다.

① 용기를 복돋워주기

아이와 함께 '공룡 유치원 세트 제1권, 처음 유치원에 가는 날'(스티브메쩌 지음, 크레용하우스 출판), '공룡 유치원 세트 제2권, 엄마가 보고 싶어'(스티브메쩌 지음. 크레용하우스 출판), '유치원 가기 싫어' 등의 관련 창작도서를 읽으면서 엄마와 떨어지는 용기를 갖도록 도와준다.

② 엄마와 떨어져 시간 보내기

오전시간 동안 엄마와 떨어져 지내는 것에 익숙해지도록 놀이방이나 플레이짐, 친척집 등에 아이를 맡겨본다. 이때 아이가 엄마와 떨어지지 않을 것을 염려하여 엄마가 아이에게 아무 말 없이 사라지는 것은 좋지 않다. 아이를 쳐다보면서 몇 시에 올 것인지를 약속하고 약속한 시간에 되돌아오는 연습을 한다. 그러면 아동은 엄마가 없는 동안 참으면서 엄마와 다시 만날 것을 기대하며 기다릴 수 있게 된다.

D-50일. 기본 생활습관 익히기(1)

일어나는 시간이 불규칙하고 원하는 시간에 식사를 하던 아이는 프로그램에 따라 일정하게 이루어지는 규칙적인 유치원 생활에 적응하기 어려울 수 있다. 그러므로 유치원 입학하기 전부터 규칙적인 생활습관을 형성해주는 것이 필요하다.

① 동기 부여하기
② 규칙적인 수면 습관을 기른다.

유치원 가는 시간에 맞추어 일어날 수 있도록 잠자는 시간과 일어나는 시간을 규칙적인 리듬으로 만들어주도록 한다.

③ 규칙적인 식사 리듬을 만든다.

정해진 시간에 스스로 밥을 먹는 연습을 하면서 식사 리듬을 만들어준다.

D-40일. 기본 생활습관 익히기(2)

유치원에 가게 되면 아이들이 가장 어려워하는 문제가 바로 화장실 사용과 정리 정돈하는 태도이다. 유치원 적응을 위해서 다음과 같은 기본적인 자조 기술이 형성되도록 훈련해야 한다.

① 동기 부여하기

'유치원에 가는 날이에요'(마거릿 와일드, 중앙출판사)

② 혼자서 대소변 보는 훈련하기

혼자 화장실 들어가서 지퍼 내리기, 대소변을 보고 뒤처리하기, 지퍼 올리기, 용변 후 물 내리기와 손 씻는 습관 등을 익히도록 한다.

③ 혼자서 옷 입는 훈련하기

겉옷을 입고 벗기, 신발 스스로 신고 벗기 등에 익숙해지도록 돕는다.

④ 자기 물건을 챙기는 습관을 들인다.

가방이나 신발, 옷 등 자기 물건을 일정한 곳에 스스로 정리하는 습관을 들인다. 또한 사용한 물건을 제자리에 놓는 습관을 들인다.

D-30일. 사회적 기술 연습하기(1)

유치원은 사회생활의 첫 관문이므로 적절한 생활 예절을

갖추고 있으면 적응하는데 많은 도움이 된다. 어른들에게 공손하게 대하는 등 다음의 사회적 기술을 익힐 수 있도록 한다.

① 인사하기

사회성의 기본은 인사를 잘 하는 것이다. 선생님을 만났을 때 인사하는 방법을 알려준다.

② 호명에 반응하기, 선생님 말씀 잘 듣기

선생님의 호명에 적절하게 반응하며 선생님의 가르침에 가만히 앉아서 귀기울여 듣는 연습을 한다. 앉아서 함께 책을 읽고 생각을 나누어본다.

③ 규칙지키기

'공룡유치원 세트 제9권. 생각하는 의자'스티브메쩌 지음, 크레용하우스 출판)를 통해 규칙에 따라 적절하게 자기 생각을 표현하지 못했을 때 발생하는 문제를 함께 살펴본다. 그런 후 유치원에서 지켜야 하는 기본 규칙에 대해 이야기한다.

④ 도움 청하기

곤란한 일이 발생하면 울거나 떼쓰지 않고 말로써 어떻게 선생님께 도움을 요청할 수 있는지를 알려준다.

D-20일. 사회적 기술 연습하기(2)

또래관계가 원만하지 못하고 툭하면 친구와 싸우거나 소
외당하게 되면 유치원에 적응하기 힘들어진다. 따라서 원
만한 또래관계 형성을 위한 기본적인 사회적 기술들을 미
리 알려주는 것이 필요하다.

① 동기부여하기

'공룡유치원 세트 제6권. 내가 대장이야'(스티브메쩌 지
음, 크레용하우스 출판)를 아동과 함께 읽으면서 자기가 왕
인 것처럼 행동하여 친구들과 어울리지 못한 뿔리의 이야
기를 통해 다른 친구들과 잘 지내면서 자신의 욕구도 충족
시키기 위한 사회적인 기술 형성에 대한 지침을 제시한다.

② 또래와 어울려서 사이좋게 놀기

동네 놀이터나 플레이짐을 방문하거나 친구집을 방문하
여 내 마음대로 되지 않더라도 때리거나 꼬집지 않고 양보
해가면서 함께 어울려 노는 연습을 해본다.

D-10일. 낯선 유치원 환경에 적응시키기

부모를 떠나 처음으로 맞는 사회인 유치원에 대해 두려움을 갖는 아이들이 대부분이다. 그러므로 아이들이 유치원에 잘 적응하기 위해서는 '유치원은 좋은 곳'이라는 기대감 조성이 필요하다. 입학하기 전에 아이와 함께 편안하게 유치원을 방문해보는 것이 아이들의 두려움을 없애주는데 도움을 줄 수 있다.

① 동기 부여하기

'유치원 가는 날이에요'(마가릿와일드 저, 중앙출판사) 책을 아이와 함께 읽으면서 유치원 가는 것에 대한 기대감을 갖도록 도와준다.

② 유치원 방문하기

유치원을 미리 방문해서 아이가 사용하게 될 교실과 놀이터를 보여주면서 아이에게 유치원 생활에 대한 기대감을 갖도록 한다.

③ 유치원 생활 익히기

유치원 갈 때 이용하게 될 통학버스와 통학길, 유치원 화장실 등을 보여주면서 유치원 생활을 익히도록 한다.

④선생님 얼굴 익히기

아동과 함께 유치원 선생님을 만나 '무서운 선생님'이 아닌 '친근한 선생님'에 대한 이미지를 갖도록 한다.

D-7일. 심리적, 정서적 건강 상태를 확인하기

소아과, 이비인후과에 들러 전체적인 건강 상태와 시청각에 문제가 없는지 알아본다. 혹시 시각이나 청각에 문제가 있는 경우 단체 생활 적응에 어려움이 있을 수 있으므로 적절한 도움을 받는다. 또한 아이가 산만하거나 폭력적이라면 소아정신과나 관련 연구소를 방문하여 아이의 행동 조절을 위한 적절한 도움을 받는다.

저녁때 준비물을 아동과 함께 챙기면서 자기 물건을 확인하도록 도와준 후, 약속된 시간에 취침할 수 있도록 지도한다.

♡ 이런 경우, 전문가의 도움을 받아보세요!

✓ 이와 같은 도움에도 불구하고, 아이가 집 또는 애착대상(이후 '엄마'라고 대표해서 말하겠음)과 떨어질 때 심한 불안을 느끼면서 다음과 같은 행동을 4주 이상 지속적으로 보일 때는 전문가의 도움을 받아야 한다.

□ 엄마와 분리되어 있을 때 아이는 엄마가 어디쯤에 있는지 알고 싶어하고 엄마와 통화하기를 갈망한다.

□ 엄마와 분리될 때 또는 분리가 예상될 때 아이가 복통, 두통, 메스꺼움, 구토 같은 신체적 불편감을 흔히 나타낸다.

□ 방에 혼자 있지 못하고, 엄마에게 '붙들고 매달리는' 행동을 보이고, 항상 집 주변에서 엄마와 가까이 있으려 하고, 그림자처럼 따라다니려 한다.

□ 혼자서 잠들기 어려워하고, 잠이 들 때까지 누군가가 함께 있어 주기를 요구한다.

□ 밤에 부모의 침대에 가서 자기를 원하고(또는 형제나 다른 의미 있는 사람), 부모의 침실에 들어가지 못하면 방

문 바깥에서 자기도 한다. 아이는 두려워하는 내용(방화, 살인에 의한 가정 파괴, 또는 재해)이 표현되는 악몽을 꾸기도 한다.

   □ 엄마와 분리되어 있을 때 아이는 엄마나 자신에게 사고나 질병이 생기지 않을까 하는 두려움에 사로잡히기도 한다.

   □ 부모와 분리되면 부모를 잃어버리거나 다시 만나지 못할 것이라고 걱정한다..

   □ 집이나 친근한 장소에서 멀리 떠나 독자적으로 여행하는 것을 불편해하고, 어떤 장소에 혼자 가는 것을 피한다. 학교가기, 야영하기, 친구 집을 방문하거나 친구 집에서 잠자기, 심부름 가기를 싫어하거나 거절한다.

| 참고 문헌 |

* 툭하면 화내고 싸우는 아이의 올바른 감정표현을 돕는 법
    _ 하이케 바움. 신홍민 역. 한울림. 2004
* 거짓말을 시작한 아이에게 옳고 그름을 가르치는 법
    _ 하이케 바움. 황윤선 역. 한울림. 2004
* 겁 많고 소심한 아이에게 용기와 자신감을 심어주는 법
    _ 하이케 바움. 황윤선 역. 한울림. 2004
* 시샘하고 싸우는 형제가 사이좋게 지내도록 돕는 법
    _ 하이케 바움. 신홍민 역. 한울림. 2004
* 고집불통 아이의 올바른 자기 주장을 돕는 법
    _ 하이케 바움. 신철희 감수 신홍민 옮김. 한울림. 2004
* 불안하고 걱정많은 아이, 어떻게 도와줄까?
    _ Ronald M. 이정윤 역. 시그마프레스. 2002
* 우리 아이 이럴땐 어떡하죠
    _ 이보연. 꿈이 있는세상. 2005
* 이솝 구연동화 100가지 (내 아이에게 가장 들려주고픈)
    _ 편집부. 세상 모든 책. 2003
* 피노키오 (START 세계명작 18)
    _ 카를로 콜로디. 베틀북. 2005
* 청개구리 길들이기
    _ 로버트 J. 매켄지. 이순호 옮김. 교양인. 2006

* 정말 잘 키우고 싶다면 아이의 마음을 읽어라

_ 레이 리비 · 빌오할란 . 나선숙 옮김. 명진출판. 2002

* 현명한 부모는 아이를 스스로 변하게 한다

_ 윌리엄 시어스 · 마사 시어스. 최성일 · 박혜근 옮김,

친구 미디어. 2004

* 이솝이야기

_ 문아 엮음. 문공사. 2002

* 아동심리 바로 알면 자녀 양육 예술이 된다

_ 유명희. 학지사. 2006

* 엄마, 이럴 땐 이런 동화를 들려주세요

_ 게를린데 오르트너. 김경연 옮김. 사계절. 1996

* 엄마가 들려주는 이야기가 아이의 인생을 바꾼다

_ 아서 로산. 문채원 옮김. 뜨인돌. 2002